経済を読む

ケネーからピケティまで

根井雅弘
Nei Masahiro

日本経済評論社

はじめに

本書は、経済学の「名著案内」「エッセイ」「書評」の三部から構成された読み物である。このようなスタイルのエッセイ集を出すのは初めてだが、最近このような文章を求められる機会が増えて自然と出来上がった。

経済学史家のひとりとして、経済学の古典を扱うのは慣れてはいるが、一般の読者を対象に限られた分量で「アカデミック・エッセイ」を書くにはある程度年季が必要である。ふつう若い研究者にはすすめられないが、私は、若い頃から現在に至るまで、専門の仕事以外に新聞や雑誌に書評（経済書ばかりでなく歴史や音楽関係の本も含む）やエッセイなどを書き続けているので、アカデミック・エッセイの分野には違和感なく入ることができた。本書もその成果のひとつである。

私の経済学史家としての出発点は、一作目の『現代イギリス経済学の群像―正統から異端へ』（岩波書店、1989年）だが、名著案内を書き進めながら、副題にある「正統から異端へ」という問題意識（あるいは、「正統と異端のせめぎあい」といってもよい）がいまだに脳裏に刻まれていることを再確認した。

エッセイとはいっても、「アカデミック」なものだから、ある程度、初歩的な予備知識は要るかもしれないが、三部構成のうちどこからも読めるようになっているので、各自の関心に応じた読み方をしてもらえばそれでよいと思う。

本書が多くの読者に受け容れられるのを願っている。

２０１５年８月１日

根井雅弘

目次

はじめに　i

第I部　【古典】名著を読む

古典を読む　3
ケインズ　8
マルクス　15
ジョン・ステュアート・ミル　20
アルフレッド・マーシャル　26
デイヴィッド・リカード　33
アダム・スミス　38
フランソワ・ケネー　45
ヨゼフ・アロイス・シュンペーター　51

レオン・ワルラス　57
ジョン・ヒックス　63
ポール・A・サムエルソン　70
ジョーン・ロビンソン　76
ロイ・ハロッド　83
ピエロ・スラッファ　90
ジョン・ケネス・ガルブレイス　96
グンナー・ミュルダール　103
F・A・ハイエク　109

第Ⅱ部　【時事】現在の世界を読む

ノーベル経済学者とメルケル首相　119
最近の経済学教育論争を考える　122
「長期停滞論」の復活　131
不平等の拡大を危惧するイエレンFRB議長　135
スティグリッツのラディカリズム　138

再び経済学の教育について 142
ジェフリー・サックス氏のマクロ経済学観 145
「不平等」を論じるとマルキスト⁉ 148
経済学は女性には魅力がない？ 151
トマ・ピケティ氏、レジオン・ドヌール勲章を辞退 154
エコノミスト・ランキングの波紋？ 157
「ピケティ旋風」は続く 160
占拠されたＬＳＥ 162

第Ⅲ部 【書評】歴史と音楽を読む

平川克美『グローバリズムという病』 169
神田千里『織田信長』 171
小和田哲男『明智光秀と本能寺の変』 174
浅見雅男『学習院』 177
イグナシオ・パラシオス＝ウエルタ編『経済学者、未来を語る』 180
田代櫂『リヒャルト・シュトラウス』 183

仲道郁代『ピアニストはおもしろい』 190
門松秀樹『明治維新と幕臣――「ノンキャリア」の底力』 194
土田宏『アメリカ50年　ケネディの夢は消えた？』 197
赤坂憲雄『司馬遼太郎　東北をゆく』 202
佐渡裕『棒を振る人生――指揮者は時間を彫刻する』 205
佐々木克『幕末史』 208
舘野泉『ピアニスト舘野泉の生きる力』 211
ロバート・ライシュ『格差と民主主義』 215
前島良雄『マーラーを識る　神話・伝説・俗説の呪縛を解く』 218
モニカ・シュテークマン『クララ・シューマン』 221
ポール・デイヴィッドソン『ケインズ』 224

あとがき 229

第I部　【古典】名著を読む

古典を読む

私は経済学史を中心に研究してきたので、経済学の古典との付き合いは長い。新聞や雑誌でも、ときどき経済学史上の有名な古典についての解説記事が載ることがあるが、私自身も15年ほど前、カルチャーセンターで経済思想の入門講座を担当したとき、ビジネスマンも学生時代よりも古典に並々ならぬ関心があるのを知って少しばかり驚いたことがある。しかし、古典を読むきっかけは学者とビジネスマンでは異なるのが普通なので、まず、私がどんな関心から古典を読んできたかについて語ることにしよう。

経済学の古典について解説する文章を求められるとき、よくあるパターンは、その古典を読んでどんな「効用」があるかとか、それを読む「現代的意義」は何かとか、そういうものだ。ビジネスマンならそのような関心から古典をひもとこうと思ったとしても何の不思議もないどころか、至極まっとうな理由だと思う。だが、経済学史家は、古典を読むことには変わりがないにしても、必ずしもそのような動機から古典に近づいているわけではない。いや、「効用」や「現代的意義」ばかりを考えていては、その古典のテキストを正確に読む妨げになるとあえて言ってもよい。もちろん、その古典を一通り研究したあと、現代にも通用するような重要な示唆を発見することはよくある。だが、それはあくまでテキスト・クリティークを経たあとの話である。学問を功利主義的に利用しようとする見解には賛成できない。

では、そもそも私はどのような問題意識で古典研究を始めたのかといえば、それはその古典が支配していた時代における「正統」と「異端」の対立、「正統」から「異端」への転向、そのような問題に関心があったからだと答えるほかない。

例えば、有名なジョン・メイナード・ケインズは、師であるアルフレッド・マーシャルが築いたケンブリッジ学派の「要塞」(ケインズ自身がこの言葉を使っている)のなかで育てられ、みずからもマーシャル経済学を長年にわたって教え続けてきたのだが、マーシャルに代表される正統派経済学が1930年代の大不況という現実問題の解明に無力だと悟り、ある時期から「正統」への反逆を意識するようになった。その本当の理由を知るには、マーシャルとケインズを中心に関連文献を広く渉猟しなければならない。

また、経済学を「希少資源の配分」と定義したライオネル・ロビンズは、一頃は社会主義運動に首を突っ込んだ熱血漢だった。なぜ彼はその運動と手を切り、のちの新古典派経済学の「象徴」のようになった希少性定義を提示するようになったのか。これも、ロビンズの人生や著作を深く研究したあとでなければ、正確な答えは引き出せない。

私が四半世紀も前に『現代イギリス経済学の群像～正統から異端へ』（岩波書店、1989年）や『マーシャルからケインズへ～経済学における権威と反逆』（名古屋大学出版会、1989年）という二つの本を書いたきっかけは、先に触れた「正統」と「異端」の対立や、「正統」から「異端」への転向に対する問題意識にあったのである。

では、何かものを書くとき、つねにこのような問題意識で書いているのかといえば、もちろん、そうではない。その後は、個々の経済学者（ヨゼフ・アロイス・シュンペーターやジョン・ケネス・ガルブレイスなど）の評伝も書いたし、時系列で経済学の歩みを叙述する教科書も書いた。(1) だが、研究の出発点となった問題意識は、ふだんは意識せずとも、なにか偶然の機会に思い出すことがある。必ずしも仕事をしているときとは限らない。例えば、たまたま聴いてみたジャズのライブで、音楽家がクラシックからジャズへの転向をトークのなかで語っているのに出くわしたとする。実際、ジャズ・ヴァイオリニストの牧山純子さんは、フランスで修業中に聴いたイツァーク・パールマン（クラシックのヴァイオリニストとして世界的に有名）のジャズ・アルバムが転向へのきっかけだったと語っていたし、山田貴子さん（ジャズ・ピアニスト）も、世界的に有名なジャズ・ピアニストであるキース・ジャレットの影響でジャズの世界へと導かれたらしい。(2) そんなとき、自分の研究の出発点となった問題意識がパッと表面に現れるのを感じた。まだそれは私の脳裏の中に焼き付いているのだ。

そのような問題意識から出てきた研究は、そのままでは「役に立つ」古典の解説には結びつかない。だが、ある古典を論じるとき、その当時の正統派経済学がどのようなものであり、その古典は「正統」とどのような関係にあるのかを理解しておかなければ、「役に立つ」前に古典の解説として失格するだろう。

例えば、ケインズといえば「ニュー・ディール」や「公共投資」(しばしば赤字財政を伴う)のような誤解を招きやすいキーワードとセットで語られる傾向がいまだにある。以前、1年生向けのゼミで学生と話していたら、高校の世界史の教科書にはケインズ経済学がニュー・ディールの理論的基礎を提供したような解説がまだ載っているらしい。全く関係がないとは言わないが、不正確な解説である。これでは、不況のときに「財政出動」を叫ぶ政治家たちにケインズの名前が利用されかねないし、実際そのように何度も利用されてきた。後述するが、ケインズがマーシャル経済学を超える「革命」を成し遂げることができたのは、独自の貨幣理論家であったからだ。

また、アダム・スミスは、「見えざる手」や「自由放任」とセットでよく語られる。昔も今も、このような誤解を解く優れた啓蒙書（例えば、高島善哉『アダム・スミス』岩波新書、1968年や、堂目卓生『アダム・スミス』中公新書、2008年など）が広く読まれているはずなのだが、巻の解説本の記述は昔とほとんど変わっていないものが少なくない。実は、ケインズ以前の「古典派」（ケインズの言葉遣いでは、マーシャルやピグーのような新古典派も含まれる）はすべて「自由放任主義者」だという誤解を広めた責任の一端はケインズにあるのだが、このような誤解も、スミスに始まる古典派経済学の「自由主義」が「自由放任主義」とは明確に異なることを正確に読みとらなければいつまでもなくならない(3)。

古典の読み方は、もちろん、一通りではない。だが、テキストの文脈を追っていけば、誤解の多くは避けられるように思われる。現代にも通じる意義は、その正確な理解のあとに登場するのが順番というべきだ。

経済学の古典を読み通すのは簡単ではない。安易に「簡単だ」というのは、専門家としては知的正直に欠けると思う。決してやさしくないテキストの文脈を読み解き、何か前には漠然としていたものがより明確な形になったとき初めて古典に「学ぶ」という意義がわかってくるのではないだろうか。

注

（1）拙著『シュンペーター』（講談社、2001年）、『ガルブレイス』（丸善ライブラリー、1995年）、『経済学の歴史』（筑摩書房、1998年）など。現在、『シュンペーター』は電子書籍、『経済学の歴史』は講談社学術文庫に収録されている。

（2）牧山純子さんについては、以下のインタビュー記事と公式ホームページを参照。
http://mnavi.roland.jp/interview/201008_01.html
http://www.junkomakiyama.com/
山田貴子さんについては、『W100　ピアニスト　ジャンルを超えた女性演奏家たち』（シンコーミュージック・エンタテイメント、2011年）収録のインタビュー記事と、彼女の公式ホームページを参照。
http://www8.plala.or.jp/takakohp/

（3）拙著『経済学はこう考える』（ちくまプリマー新書、2009年）では、この点を簡単に説明しておいた。

ケインズ

アメリカの計量経済学者（ローレンス・R・クライン）の初期の仕事に『ケインズ革命』（1

947年）という名著がある。日本語にも翻訳されて広く読まれた[1]。ケインズが『雇用・利子および貨幣の一般理論』（1936年）で成し遂げた理論的革新が「革命」として理解され人口に膾炙するのに重要な役割を演じた本だった。

『一般理論』は、古典派の「セー法則」（供給はそれみずからの需要を創り出す）を理論的に粉砕し、「有効需要の原理」を確立した20世紀経済学の名著中の名著なので、ケインズの仕事を「革命」と呼ぶのは決して誇張ではない。もっとも、『一般理論』のケインズは、みずからの理論の革新性を強調するために、戦略上、先人たち（師のマーシャルや先輩のピグーを含む）の業績に対してやや公正を欠く態度をとったために、いまでもケインズ解釈上の混乱をもたらしている。だが、社会全体の有効需要に焦点を定めて、全体としての産出量（国民所得）の決定理論を提示した彼の業績は不滅である[2]。

ケインズは、マーシャルが将来を嘱望していた逸材のひとりであった。彼はことあるごとにケインズの才能を褒め上げ、まだ20代後半のケインズを世界的な経済学専門誌『エコノミック・ジャーナル』の編集者にも抜擢している。初期のケインズも、マーシャルが築き上げたケンブリッジ学派（イギリス経済学の正統派の地位を占める）の伝統に忠実にマーシャル経済学を教え続けた。ところが、ケインズは、『一般理論』をマーシャル経済学に対する反逆の書であると位置づけた。「この書物は私自身の思想とその発展の上での反動であり、イギリスの古典派的（あるいは正統派的）伝統からの離脱を示すものである」と。(3)

ケインズは一生を通じて貨幣理論の専門家であったが、その思想の変遷は、『貨幣改革論』（1923年）、『貨幣論』（1930年）、『一般理論』という三部作を検討することによって追跡することができる。ケインズは、少なくとも『貨幣論』までは「反逆」を強調していないので、ふつうは『一般理論』になって初めて「伝統からの離脱」を意識するようになったとみる。ここでも、その通説に従うことにする。問題は、『一般理論』が前の二つの本とどこが決定的に違うのかを見定めることである。

『貨幣改革論』から『貨幣論』までのケインズの理論的な関心は、主に物価水準にあった。前者がマーシャル流の現金残高アプローチ（貨幣数量説のひとつのヴァージョン）を採用しているのに対して、後者は投資・貯蓄アプローチ（投資と貯蓄の関係から物価水準を考察する）に従っているという違いはあるが、いずれも物価水準が主な関心事であったことは変わりない。ところが、『一般理論』のケインズは、全体としての産出量（国民所得）の決定こそが核心であると強調している。「物価水準」から全体としての「産出量（国民所得）」の決定へと関心がシフトしたのは、もちろん、1930年代の世界的な大不況という問題が深くかかわっている。『貨幣論』も、産出量の「変動」を視野におさめてはいるが、それは物価水準の変化のあとに生じると考えていた。しかも、投資と貯蓄のバランスが崩れたとき、まず物価水準に影響を与えるのは、暗に「産出量一定」を仮定しているからであり、産出量の「決定」理論そのものは欠如していた。それゆえ、ケインズは、『貨幣論』を超えて『一般理論』へと至る長く苦しい思索のプロセスを耐えなければならなかったのである。

『一般理論』の体系は、次のようにまとめることができる(4)。――ケインズは、「短期」(人口・資本設備・技術が所与)の想定を置いているので、全体としての産出量が決まれば同時に雇用量も決まるが、産出量を決めるのは社会全体の「有効需要」(実際の購買力に支えられた需要)である。有効需要は、封鎖経済の想定の下では、消費と投資から構成されるが、消費は国民所得の安定的な関数なので、投資が決まれば国民所得も決まる(乗数理論)。他方、投資は利子率と「資本の限界効率」(予想利潤率)の関係で決まるが、後者が所与であれば、利子率が下がれば増えるような関係にある(ただし、資本の限界効率表は予想されたものなので、実際には激動する。これがケインズの「不確実性」の世界である)。では、利子率は何によって決まるかといえば、それは貨幣供給量と流動性選好の関係に他ならない(流動性選好説)。

前に、ケインズが一生を通じて貨幣理論家であったと述べたが、それは、『一般理論』では、失業の究極的な原因が「貨幣愛」に求められていることに表れている。「流動性」の最も高いものが貨幣だが、貨幣愛（流動性選好）が貨幣供給量と比較して強いと、相対的に高い利子率が成立する。次に、利子率は、資本の限界効率表との関係で投資を決めるが、不確実性の世界では後者が激動するので、投資がかなり低い水準に決まる可能性がある。投資が決まれば乗数理論によって国民所得が決まるが、投資が足りなければ、完全雇用を実現するにははるかに低い水準に国民所得を決めるだろう。それゆえ、現行の賃金率で働く意欲がありながら職に就けない「非自発的失業」が生じる。このような不況から抜け出すには、低金利や公共投資などによって総需要を支える政策が必要であり、これらが教科書によく出てくるケインズ政策の内容である。

ケインズは、現在世界経済を悩ませている不況下の「流動性のわな」が近い将来重大な問題になるとは考えていなかった（『一般理論』では、利子率が2～3％まで下がると、流動性選好が「絶対的」になる理論的可能性に触れているに過ぎない）。その意味で、現代はケインズの「想定外」の世界に入っているともいえる。ご承知のように、ゼロ金利下で通常の意味での金融政策が効かなくなったとき、インフレターゲット政策によって突破口を開こうというのがアベノミクスの一つの柱であるが、おそらくケインズはそのような「劇薬」には一定の留保を付すのではないだろうか。というのも、ケインズの思想や理論は、教科書で説明するほど単純ではないからだ。

ケインズ体系のなかで産出量を決めるという意味で最も重要な戦略変数は投資だが、低金利政策に限界があるとき、『一般理論』のなかには「投資の社会化」を示唆する文章があるものの、示唆しているだけでそれ以上の記述はない。だが、『ケインズ全集』を読むと、1940年代の彼がどんなことを考えていたかはある程度わかる。——彼は、予算を「経常予算」と「資本予算」に分ける。経常予算は均衡するのが原則であり、余剰があれば資本予算に移される。公共投資は資本予算によって賄われるが、留意すべきは、公共投資が、短期的な景気対策というよりは、長期的な投資計画に基づいておこなわれるべきだということである(5)。

だが、もっと長期を見据えて安定的に投資を確保するケインズの構想も、その遂行には資本予算の規模がある程度大きくなる必要があるし、公的あるいは準公的機関の関与する範囲も広がるだろう。それゆえ、その構想は、民間企業の自発性を重視する人たちの見解とは明らかに対立する。ケインズの言葉遣いを借りれば、「個人の自由」「経済的効率」「社会的公正」の三つを最適に組み合わせる政治のアートは、決して簡単ではないのだ(6)。簡単ではないもののを簡単にいうのはよろしくない。

注

（1）Ｌ・Ｒ・クライン『ケインズ革命』篠原三代平・宮澤健一訳（有斐閣、１９６５年）。

（2）マーシャル経済学の延長線上にケインズの仕事を位置づける解釈については、伊藤宣広『現代経済学の誕生』（中公新書、２００６年）を参照。

（3）Ｊ・Ｍ・ケインズ『雇用・利子および貨幣の一般理論』塩野谷祐一訳（東洋経済新報社、１９８３年）ドイツ語版への序、xxixページ。

（4）ケインズ理論のより詳しい解説は、伊東光晴『ケインズ』（岩波新書、１９６２年）、吉川洋『ケインズ』（ちくま新書、１９９５年）などを参照のこと。

（5）最近の論文では、中村隆之「ケインズ『投資の社会化』概念の変遷」（『青山経済論集』２０１３年3月）を参照。

（6）ケインズの"Liberalism and Labour"（1926）の末尾に次のような含蓄深い文章が登場する。

The political problem of mankind is to combine three things: Economic Efficiency, Social Justice, and Individual Liberty. The first needs criticism, precaution, and technical knowledge; the second, an unselfish and enthusiastic spirit which loves the ordinary man; the third, tolerance, breadth, appreciation of the excellencies of variety and independence, which prefers, above everything, to give unhindered opportunity to the exceptional and to the aspiring. The second ingredient is the best possession of the great party of the Proletariat. But the first and third require the qualities of the party which, by its traditions and ancient sympathies, has been the home of Economic Individualism and Social Liberty.（*Essays in Persuation*, 1931, Norton Library, 1963. pp. 344-345）

マルクス

ベルリンの壁の崩壊以後、カール・マルクスの人気は地に落ちてしまった。その後20年間のうちに、経済学部のカリキュラムから「マルクス」の名前を冠した講義はほとんど消滅してしまった。数十年前まで、「近代経済学 vs マルクス経済学」という構図が日本の経済学界の特徴だと言われていたので、まさに隔世の感がある。

だが、地上からマルクス主義を「正統」とみなす共産党政権がほぼ消えてしまった事実と、マルクスの思想が「死んだ」というのは必ずしも等しくない。そもそも、マルクスの『資本論』（全3巻だが、存命中は第1巻のみ1867年に出版された）は、資本主義崩壊の客観的論理を解き明かしたもので、資本主義が崩壊したあとの社会主義の経済運営については具体的に何も述べてはいないので、社会主義という「壮大な実験」の失敗の責任がマルクスにあるというのも正確ではない。しかし、ここでは、マルクスやマルクス主義の功罪を論じるのが目的ではないので、その問題は措いておく。それよりも、資本主義についてのマルクスの洞察のなかに、ケインズやシュンペーターにもつながる視点が含まれていたことに焦点を合わせたい。

ケインズは、高度成長期の日本では「近代経済学」[1]を象徴するほどの人気があったので、その頃は「ケインズ vs マルクス」という図式が流行したものだ。たしかに、ケインズは、マルクスを真剣に読んだ形跡が全くない。『一般理論』以前のケインズにとって、経済学とはマーシャルの『経済学原理』に他ならず、ヨーロッパ大陸に大した経済学者はいないという不遜な態度をとっていた。ケインズがマルクスに言及した珍しい例外のひとつが、たまたまH・L・マクラッケンというアメリカの経済学者が書いた『価値論と景気循環』(1933年)を読んで学んだM－C－M′という図式である。[2]――『一般理論』の第三草稿(1933年)において、ケインズは、古典派の想定した「実質賃金経済」(「協同体経済」)と、『一般理論』が想定している「貨幣賃金経済」(「企業家経済」)を対比しているが、彼はそれを、マルクスにおけるC－M－C′(商品－貨幣－他の商品の交換)とM－C－M′(貨幣－商品－より多くの貨幣の交換)の区別になぞらえて説明している。もちろん、M－C－M′こそが貨幣経済の特徴であり、この点では、ケインズもマルクスの洞察に賛同しているのだ。

それだけではなく、ケインズの「有効需要の原理」と類似のアイデアを『一般理論』よりも数年早く「発見」していたと今では高く評価されているミハウ・カレツキ（ポーランド出身の経済学者）は、マルクスの再生産表式の応用からそれを引き出していることに留意したい(3)。――カレツキは、経済体系を三つの部門（投資財を生産する第Ⅰ部門、資本家の消費財を生産する第Ⅱ部門、労働者の消費財を生産する第Ⅲ部門）に分けているが、マルクス流にいえば、各部門の生産物の価値は、不変資本c、可変資本v、剰余価値mの和に等しい。ここで、カレツキは、労働者は賃金をすべて消費すると仮定しているので、$v_1+v_2+v_3$（賃金所得の合計）＝$c_3+v_3+m_3$（労働者の消費財の価値）、すなわち、$v_1+v_2=c_3+m_3$となる（下付の数字は各部門を表している）。この関係を利用すると、粗利潤$c+m$の総計（$m_1+m_2+m_3+c_1+c_2+c_3$）は、$c_1+v_1+m_1+c_2+v_2+m_3$（第Ⅰ部門と第Ⅱ部門の生産物の価値の合計）、すなわち、投資プラス資本家の消費に等しくなる。P（利潤）＝I（投資）＋C（資本家の消費）というのは、カレツキの利潤決定の命題に当たるものだが、資本家の消費を利潤の関数として捉え、さらに分配関係（賃金または利潤分配率）を導入すれば、ケインズの所得決定の式とよく似た式が導出される。マルクスとケインズは、決して「水と油」ではないのだ（もちろん、両者の思想の隅々まで類似しているという意味ではない)。

ケインズと並んで「20世紀経済学の天才」と称されるヨゼフ・アロイス・シュンペーターは、もっと積極的にマルクスを評価している。もっとも、彼はレオン・ワルラスの一般均衡理論をみずから静態論の基礎に据えているので、マルクスの労働価値説をきっぱり拒否しているのだが、静態論から動態論に移行するに際して、資本主義についてのマルクスの動態的ヴィジョンから大きな影響を受けた。シュンペーターのマルクスへの尊敬の念は、終生、変わらなかった。遺作『経済分析の歴史』(1954年)のなかには、次のような文章がみられる。「経済過程の内在的変化――これは、蓄積をつうじて働きながら、とにもかくにも競争的資本主義の経済ならびに社会を崩壊させ、他のタイプの社会組織を誕生させるような、支え切れない社会情勢を作り出すものである――という壮大なヴィジョンは、もっとも強力な批判がもっとも邪悪な打撃をこれに加えた後にも、なお依然として存続するものである。マルクスが経済分析家としてその偉大さを要求しうるのは、まさしくこの事実であり、またこの事実のみである(4)」と。

このように真面《まとも》な経済思想史家なら、「ベルリンの壁の崩壊」=「マルクス思想の死」というふうに短絡的には考えないものだが(誤解を招かないように付け加えるが、マルクスの思想が死んでいないからといって、その経済理論がそのままの形で現代にも通用すると言いたいのではない)、21世紀に入ってからのわが国の経済問題のなかには、例えば、正規労働者と非正規労働者の間の労働条件の格差にせよ、一定年収以上の残業代ゼロの動きにせよ、かつてマルクスが「疎外」や「搾取」といった言葉で表現した「思想」がいまだに消えていないことが確認されるように思われる。

マルクスの『資本論』を読み通すのは簡単ではないが、「私的所有の本質は疎外された労働である」という思想が明瞭に表れているという意味で、マルクスに関心のあるひとには、初期の『経済学・哲学草稿』を読んでみることをすすめたい。幸いなことに、いまでは、長谷川宏氏による読みやすい翻訳が文庫で利用できる(光文社古典新訳文庫、2010年)。数学が好きなひとには、「アナリティカル・マルキシズム」の本のほうが入りやすいかもしれないが、思想史家としては、まずはマルクス理論を根底から支える『経済学・哲学草稿』のほうを先に手にとることをすすめるのが筋だろう。

注

(1)「近代経済学」とはほぼ「非マルクス経済学」を指す日本独特の用語だが、マルクス経済学が消えてからは、ほとんど使われなくなった。だが、日本の経済学史を語るには、ときに避けては通れない言葉でもある。

（2）『一般理論』の形成史については、浅野栄一『ケインズ「一般理論」形成史』（日本評論社、1987年）を参照。

（3）カレツキの経済学については、拙著『現代経済学講義』（筑摩書房、1994年）第11章を参照。

（4）J・A・シュンペーター『経済分析の歴史（中）』東畑精一・福岡正夫訳（岩波書店、2006年）121ページ。

ジョン・ステュアート・ミル

ジョン・ステュアート・ミルは、わが国でマルクス主義が隆盛を極めていた頃は「最後のブルジョア経済学者」と呼ばれていたものである。資本主義崩壊の客観的論理を解明したマルクスの「科学的社会主義」に対して、ミルは社会主義の思想に惹かれながらも結局は資本主義体制の漸進的改革を説いた「過渡期」の思想家だと見なされていた。「中庸」の思想は、往々にして、「不徹底」なものとして過小評価されやすい。

だが、ミルが彼の生きた時代において、経済学を含む社会科学全般に通暁した偉大な教養人であったことはどんなに強調してもし過ぎることはない。それゆえ、彼を「経済学者」としてのみ評価するのは躊躇してしまうほどだ。有名な『経済学原理』（1848年）でさえ、「社会哲学への若干の適用を含む」という副題が付けられているのである。

ミルは、1826年秋に陥った「精神的危機」のあと、ヨーロッパ大陸のロマン主義やサン＝シモン派の思想の影響を受けて、「私有財産制度」や「資本主義体制」を自明の前提としていたリカード経済学の限界を感じるようになり、歴史相対主義に近づいたといわれているのだが、このような思想的変化は彼の経済思想の重要な特徴を形作っていく。

例えば、有名な生産・分配峻別論というのがある。これは、富の生産の法則が土地の収穫逓減の法則とマルサスの人口法則によって規定されるという意味で「自然法則」に類似の性格をもっているのに対して、分配の法則は「一定の制度と習慣」（例えば、私有財産制度や資本主義体制など）に依存しているという意味で歴史相対的な性格をもつということだ。このような思考法は、「資本主義 vs 社会主義」という比較経済体制論へとストレートにつながっていく。

ミルは大陸の社会主義関連の文献に精通していた。イギリスの知識人で彼ほど大陸の社会主義の思想を広く研究した者はいないといってもよい。一時は社会主義者たちの社会改革への情熱に胸を打たれて、社会主義の方向へ傾斜したと言われたほどだ。だが、彼は、結局、社会主義者にはなれなかった。なぜだろうか。

ここで留意すべきは、ミルの時代は、20世紀に入ってロシア革命によって現実の社会主義政権が誕生したあとと違って、いまだ社会主義と呼べる経済体制が存在していなかったことである。それゆえ、比較経済体制論も、「最善の社会主義」と「現行の資本主義」の比較という形をとらざるを得なかった（ミルは「共産主義」という言葉も使っているが、ここでは議論の本質に影響しないので、「社会主義」という言葉で統一する。また、ミルは、「資本主義」とほぼ同じ意味で「私有財産制」という言葉を使っているので、ここでも「資本主義」という言葉で統一する）。本来ならば、「最善の状態における社会主義」と「理想的な資本主義」を比較するのが正当な方法だが、それをおこなうには資料が決定的に不足していた。それにもかかわらず、あえて体制比較を試みるには、二つの体制のうちのどちらが「人間の自由と自主性の最大量を許すか」という観点からおこなわなければならないというのがミルの基本的な立場である。[1]

さて、社会主義は建前上、労働者や女性の解放を主張しているので、この点では資本主義より勝っているように見える。だが、ミルは、ここからすぐに社会主義のほうに軍配を上げることはない。はたして、社会主義には「個性のための避難所」が残されているのだろうか。個人が社会全体に隷属している結果、社会の「均一化」が進んでいることはないのか。それに対して、現行の資本主義は、多くの欠陥をもってはいるものの、教育や職業は社会主義よりもはるかに多様性に富んでおり、個人が全体に対して絶対的に隷属している度合いははるかに低い。というように、ミルは、理想が高いという理由だけで社会主義を資本主義よりも優れた体制と見なし、急速な社会主義への移行を主張することは決してなかった。

他方、資本主義も、個性の尊重や見解の多様性が相対的に確保されているとはいえ、労働者の教養を高める教育はまだ十分ではないし、資本家もまだ自己の利益以外のことを配慮する態度を身につけていない。だが、ミルは、まだ個性の尊重や見解の多様性が相対的に確保されている資本主義の経済体制を漸進的に改革することによって、一歩ずつ理想に近づく道のほうが一足飛びに社会主義へ移行するよりも望ましいという結論を導くのである。マルクス主義が日本で強かった頃、ミルが「過渡期の経済学者」とか「最後のブルジョア経済学者」と呼ばれた理由はここにある。だが、ミルの「漸進主義」は、のちのアルフレッド・マーシャルに大きな影響を与えたように、イギリスではむしろ正統的な思考法だったように思われる。

ただし、イギリス古典派経済学のなかでアダム・スミス以来の正統派を受け継いでいたミルにも、「異端」の側面はある。いわゆる「定常状態」の到来を恐れるのではなくむしろ歓迎する姿勢だ。

古典派のなかで最も鋭敏な理論家であったデイヴィッド・リカードは、『経済学および課税の原理』(1817年)のなかで、収穫逓減の法則やマルサスの人口法則などをモデルに組み込んで、やがて資本蓄積がストップしてしまう定常状態の到来の可能性を論じたが、リカードやその他の古典派の人びとにとっては、定常状態の到来はできるだけ先延ばししたいものだったので、例えば安価な穀物の自由な輸入によって生存費で決まる賃金を引き下げ、利潤を確保するという政策が提唱された(2)。

だが、ミルは、定常状態に至っても、「人間的進歩」が停止してしまうわけではなく、「精神的文化」や「道徳的社会的進歩」の余地は十分にあるのだから悲観する必要はないと主張する。現代的な表現を使えば、「経済成長至上主義」で休む間もなく働いている状態が続くよりは、生活のゆとりをもったほうがよいというわけだ。このような問題意識の先には、広井良典氏のいう「定常型社会」(「持続可能な福祉社会」の意)があるだろう(3)。ただし、繰り返しになるが、定常状態をむしろ積極的に評価するミルの見解は、正統派のなかではあくまで

「異端」の思想である。

ミルは、旧制高校があった時代には、『自由論』（１８５９年）がよく英語の教科書に使われたという。この小さな本は、思想と言論の自由という問題を考えるときにいまだに必読の古典だと思う。ミルによれば、世間で「真理」と見なされているものは、多くの場合、「部分的な真理」に過ぎない。それは、時代とともに修正されて社会のニーズに応えられるものに練り上げられる。それゆえ、とミルは言う(4)。

その時代の支配的な意見は、たとえ正しい根拠にもとづいている場合でさえ、このように一面的な性格をもつ。したがって、世間一般の意見にはない真理部分をいくらかでも含む意見なら、そこにどれだけ誤りや混乱がまざっていようとも、すべて貴重なものと考えなければならない。

自己主張の激しい経済学者と違って、ミルは最期までバランスのとれた見方をする教養人の典型であった。現代にこのような知性が少なくなったことこそ、言論界の危機と言えるのではないだろうか。

注

（1） ミルは次のように言っている。"If a conjecture may be hazarded, the decision will probably depend mainly on one consideration, viz. which of the two systems is consistent with the greatest amount of human liberty and spontaneity.", in *Collected Works of John Stuart Mill*, vol. 2, *Principles of Political Economy Books* I-II, 1965, p. 208.

（2） リカード体系については、拙著『経済学の歴史』（講談社学術文庫、２００５年）第３章を参照のこと。

（3） 広井良典『定常型社会』（岩波新書、２００１年）参照。

（4） Ｊ・Ｓ・ミル『自由論』斉藤悦則訳（光文社古典新訳文庫、２０１２年）１１４ページ。

アルフレッド・マーシャル

アルフレッド・マーシャルは、古典派のＪ・Ｓ・ミルの最良の遺産を受け継いだ経済学者である。マーシャルはよく「新古典派」（neo-classical school）と呼ばれるが、「新古典派」という言葉には、もともと古典派を受け継ぐという意味が込められていた。しかし、もちろん、マーシャルが古典派の経済理論をそのままの形で継承したということではない。

マーシャルが主著『経済学原理』（1890年）を準備しつつあった19世紀末のイギリスでは、「限界革命」という新しい経済学が登場し、それが古典派と鋭く対立するなかで、ヨーロッパ大陸のドイツ歴史学派の影響を受けた人たちが活躍するなど、経済学が混迷を深めつつあった。限界革命とは、1870年代、W・S・ジェヴォンズ（イギリス）、カール・メンガー（オーストリア）、レオン・ワルラス（フランス）の三人がほぼ同時期に唱えた「限界効用」を出発点とし、最終的には、マーシャルやワルラスの均衡理論へと結実していく理論上の革新を指している。ただし、限界革命にはその三人以前にも何人かの重要な先駆者がおり、マーシャルは彼らの著作を通じて「限界分析」の方法に精通していたので[1]、限界革命が学界を席巻したときも、それにすぐ飛びつくようなことはしなかった。

　限界効用説によれば、財の価値は限界効用によって決定されるが、その場合、財の需要面が重要な役割を演じる。反対に、当時の古典派の代表であったJ・S・ミルの生産費説は、財の供給面に着目している（生産費説が労働価値説の発展形態であることはいうまでもない）。この二つの学説は、一見相対立しているようにみえるけれども、時間の長さを明確にすることによって、「需要と供給の均衡」という共通の枠組みの中に包摂することができる。これがマーシャルの立場であった[2]。

例えば、非常に短い時間を想定すれば、ある日の魚市場に供給される魚のように、供給量が一定なので（供給曲線が横軸に垂直）、その価格は需要側の要因によって決定されるだろう（ただし、需要曲線とともに供給曲線もなければ、価格が決まらない）。限界効用説はこの場合には当てはまる。しかし、時間をもっと長くとると、ある財が一定の生産費でいくらでも生産できるようになるだろう（供給曲線が横軸に水平）。この場合、価格は供給側の要因によって決定される（ただし、供給曲線とともに需要曲線もなければ、数量が決まらない）。古典派の生産費説が当てはまるのはこの場合である。というように、マーシャルは、時間の要素に注目すれば、生産費説も限界効用説も「需要と供給の均衡」という枠組みの中に包摂できると考えたのである。[3] マーシャルは次のように述べている。[4]

価値は生産費によって支配されるか効用によって支配されるかを問うことは、紙を切るのが鋏の上刃であるか下刃であるかを問うのと同じ程度の合理性しか持たないといってもよいかもしれない。……

一般原則としては、われわれの考察している期間が短いほど、価値に対する需要の影響に対して注意が払われる部分は大でなければならない。また期間が長くなるにつれて、価値に対する生産費の影響がより重要となるであろう。なぜなら生産費の変化の影響は、原則として、需要の変化の影響よりもその実現に長い時間がかかるからである。

マーシャルは自説を完全な形で提示できるまで公表を控えるような慎重なひとであった。マーシャルの経済思想の形成期が、限界革命以後のイギリスの経済学界の混迷期に当たっていたことは前に触れたが、彼は大陸のドイツ歴史学派の影響で興隆しつつあったイギリス歴史学派の検討も怠っていない。それどころか、当時のイギリスの経済学者のなかで、マーシャルほど歴史学派の文献を渉猟し、その意義を正しく認識した者は稀だったといってもよい。だが、彼は、過去の歴史や統計など（まとめて単に「事実」と呼んでいるが）を調べるだけではよき経済学は構築できないと考えていた。それゆえ、マーシャルは、次のように述べたのである(5)。

経済学者は事実に対して貪欲でなければならないが、単なる事実だけで満足してはならない。歴史学派の偉大な思想家たちに対しては限りない感謝を捧げなければならないが、過去が現在の問題に直接投げかけるといわれる光明に対しては、懐疑的でなければならない。経済学者は原因が単独で、または結合されて作用する仕方を学ぶために、事実をよく調べ、経済理論の原則《オルガノン》を構築するためにこの知識を適用し、社会問題の経済的側面を処理するためにこの論理を援用するという、より骨の折れる計画をしっかりと固持しなければならない。彼は事実の光に照らして研究をするが、その光とは直接投げられるものではなく、科学によって反射され凝縮されたものである。

マーシャルの『経済学原理』を読むと、現在の経済学教科書よりも過去の歴史の叙述にかなりのスペースを割いているのがわかる。マーシャルの他の著作（例えば、『産業と商業』1919年）では、もっと歴史が前面に出てくる。もちろん、マーシャル経済学の理論的核心部分は、需給均衡理論を取り扱った『経済学原理』第5編だというのが学界の通説だが、彼は主著を決して狭い意味での経済理論だけを取り扱った本として書こうとはしなかった。ミルに代表される古典派経済学の最良の部分を保持し、限界革命のような「新しい経済学」の動きも咀嚼しながら、しかも経済理論自体に批判的な歴史学派の批判にも正当な考慮を払ったという意味で、マーシャルの『経済学原理』は、一つの偉大な綜合の試みであった。その試みは見事に成功し、マーシャルの『経済学原理』は、ケインズ革命に至るまで新古典派経済学の最も権威ある著作としての地位を保った。彼が本拠としたケンブリッジ大学において、「すべてはマーシャルにある」と長いあいだ言われ続けたゆえんである。

ところで、マーシャルの言葉として有名なものに、「冷静な頭脳と温かい心」(cool heads but warm hearts) というのがある。マーシャルを読んだことがなくとも、この言葉だけは知っていて、都合のよい文脈で使うひともいる。経済学史上の名のある人物は得てしてこのように利用されがちだが、この言葉は、ケインズの示唆を参考にすると、次のような意味が込められていたと思う。

マーシャルは、同時代の経済学者のなかで「科学者」としての側面が抜きんでていた一人であった。彼が導入した概念はたくさんあるが (「短期」と「長期」の区別、「外部経済」「外部不経済」「消費者余剰」等々)、現代でも使われているという意味で、マーシャル経済学の遺産はいまだに活用されているといってもよい。だが、彼は同時に「説教者」としての側面をもっていて、現実の経済問題に取り組むたびにそれを強調する傾向があった。例えば、一部の労働者が劣悪な環境のなかで働かされている現状への憤りは、彼がいろいろな学問遍歴を経て最終的に経済学に辿り着いた最も重要な理由だが、しかし、それだけでは経済学の「科学」的側面に貢献できるとは限らない。マーシャルの偉大さは、「科学者」と「説教者」という二つの本性のバランスをとったところにあるのだが、それにもかかわらず、ときどき「説教者」が「科学者」に勝ってしまったときはある。それゆえ、「冷静な頭脳と温かい心」という言葉は、経済学の難しさを端的に表現した名言として理解すべきではないだろうか。

注

(1) マーシャルは、クルノーとフォン・チューネンの二人の名前を挙げている。
(2) マーシャルの均衡理論は、特定の財の市場を取り上げて、「他の事情が変わらなければ」という条件の下でその財の需給均衡を考察するという意味で「部分」均衡理論と呼ばれる。これに対して、すべての市場の需給均衡を同時に考察するのがワルラスの「一般」均衡理論だが、いずれも、「需要と供給の均衡」を枠組みに採用していることには変わりがない。
(3) マーシャルの価値論は、厳密には、「一時的均衡」「短期正常均衡」「長期正常均衡」に分けられるが、詳しくは、拙著『経済学の歴史』(講談社学術文庫、2005年)第8章を参照。
(4) A・マーシャル『経済学原理③』永澤越郎訳(岩波ブックセンター信山社、1985年)37-38ページ。
(5) A・マーシャル『クールヘッド&ウォームハート』伊藤宣広訳(ミネルヴァ書房、2014年)31ページ。引用は「経済学の現状」(1885年)から。

デイヴィッド・リカード

デイヴィッド・リカードは、若き日のマーシャルが自らの「英雄」として尊敬していた経済理論家だが、リカードの『経済学および課税の原理』（初版は1817年）が古典派経済学のなかで最も体系的な構造をもっていたことは確かである。

リカードは、たまたま避暑地で読んだアダム・スミスの『国富論』（1776年）がきっかけで「経済学」という新興の学問に関心をもったのだが、スミスがときに歴史などに脱線しているのに対して、リカードはあくまで理詰めで押していく頭脳の持ち主だった。天才というのがふさわしいかもしれない。

さて、最も素朴な意味での労働価値説は、商品の価値が投下労働量によって決まるという「投下労働価値説」のことを指しているが、スミスはそれが当てはまるのは「未開社会」のみで、土地の占有と資本の蓄積がなされる「文明社会」では「支配労働価値説」（商品の価値は、その商品が市場で購買し支配する労働によって決定される）が当てはまると考えた。なぜなら、「投下労働量＝賃金」なので、土地の地代と資本の利潤が加わった文明社会では、投下労働価値説によって商品の価値は説明できないからだと。

だが、リカードは、未開社会であろうと文明社会であろうと、投下労働価値説を基本的に採用する。投下労働量によって一定の大きさの価値が決まり、それが賃金と利潤に分配されるのだと（地代を決める理論は「差額地代説」として別に用意される）。

しかも、重要なのは、価値論の対象として再生産可能な商品を選び、珍しい彫刻や絵画などのように労働によって再生産できず、ほとんど「希少性」によって決まるものを除外していることである。なぜなら、それらは商品総量のなかのごく一部を占めているに過ぎないからだと。

商品の価値が投下労働量によって一定の大きさに決まれば、賃金の上昇↓利潤の減少という図式が成り立つ。賃金が上昇するのは、労働者の生存費が上がるからだが（「賃金の生存費説」）、生存費は穀物の価格にかかっているので、なぜそれが上昇していくのかが解明されなければならない。

資本が蓄積され人口が増加する経済では、穀物を生産するために最も生産性の高い（生産費のかからない）土地から次第に生産性の低い（生産費のかかる）土地へと耕作を進めなければならない（ここでは、土地の「収穫逓減の法則」が仮定される）。リカードは、穀物の価格は、利用されている土地のなかで最も生産性の低い土地（「限界地」）での生産費で決まると考えているので、より生産性の高い（生産費のかからない）土地では余剰が発生する。これが地代となるのである（「差額地代説」）。耕作がもっと生産性の劣る土地に進めば、限界地での生産費で決まる穀物の価格も高くなり、地代も増大する。

この過程が進んでいけば、究極的には、利潤（＝〔全生産額－地代〕－賃金総額）がゼロという意味での「定常状態」が訪れるだろう。古典派の人々は、例外を除いて、このような定常状態の到来を歓迎しなかった。それゆえ、例えば、リカードは利潤の低下にブレーキをかけるような穀物の自由貿易（外国の安価な穀物が自由輸入されれば、穀物の価格は低下する）を主張したのだ。

リカードには、多くの経済問題について見解を異にしながらも深く尊敬し合うトーマス・ロバート・マルサスという友人がいた。『人口論』（初版は１７９８年）で有名なマルサスだ。もっとも、リカードは部分的にはマルサスの人口法則などをみずからの理論に取り入れているが（例えば、賃金が生存費に落ち着くのは、マルサスの人口法則が作用するからだ）、意見が対立した問題のなかで有名なのは、「セーの販路法則」をめぐるものだろう。セーの販路法則とは、商品の供給は必ずその需要につながるという考え方のことで、フランスの経済学者ジャン・バティスト・セーに因んでそのように名づけられた。のちに、ケインズが「セーの法則」と呼んだものと基本的に同じである。

リカードは、このセーの販路法則を論証なしで承認している。もちろん、彼も一時的に生産部門間の調整不足で部分的過剰生産が生じることは認めたが、一般的過剰生産の可能性は否定した。ということは、資本蓄積が進行しても、その過程が需要不足によって挫折することはないという考え方につながる。

ところが、マルサスは、生産と消費のあいだのアンバランスが一般的過剰生産をもたらす可能性を指摘していた。そして、そのようなアンバランスが、地主階級による不生産的消費によって解消されるという意味で、彼らの所得である地代が有効需要の重要な源泉であると考えたのである。外国の安価な穀物の輸入を奨励したリカードが資本家階級の側に立っているのに対して、マルサスは地主階級の側に立っていたことがわかる。

ケインズは、セーの法則に立脚していたか否かだけで判断し、どうもマルサスを過大評価し、リカードを過小評価していた嫌いがある。「有効需要」の意味も、厳密にいえば、ケインズとマルサスとでは違うのだが、『一般理論』を読む限り、リカード経済学が学界で覇権を握ったために経済学が道を踏み外したといわんばかりの論調が支配している。ケインズは次のように言っていた(1)。

　総需要関数を無視してもかまわないという考え方は、リカードゥ経済学にとって根本的なものであって、その経済学こそが過去一世紀以上にわたってわれわれが教えられてきたものの基礎をなしているのである。……そしてリカードゥ経済学は、宗教裁判所がスペインを征服したのと同じように、完全にイギリスを征服した。……マルサスが取り組んだ有効需要の大きな謎は、経済学の文献の中から消え去った。

　ケインズ亡きあと、ケンブリッジで「リカード復権」が進むのは、ピエロ・スラッファという「古典派アプローチ」の再生に一生を捧げたイタリア出身の天才的経済学者による粘り強い努力に負うところが大きかったと思う。
ところで、前にちょっと触れたように、マーシャルはリカードの経済理論家としての才能を高く評価していたのだが、彼がリカードの価値論を正しく理解していたかどうかは見解が分かれる。マーシャルは、生産費によって商品の価値が決まるのは「長期」を仮定した場合だから、リカードの価値論も、みずからの「需要と供給の均衡」という枠組みで長期を仮定した場合に当たるものとして理解した。これが、どちらかといえば、「通説」に近いと思う。だが、リカードを含む古典派の価値論を、「需要と供給の均衡」という枠組みで理解することに異議を唱える「異端派」もいる。スラッファや彼の影響を受けた研究者たちがまさにその異端派に当たる。例えば、私の師であった故菱山泉教授は、スラッファとも直接親しく接してきた方だが、生前、「マーシャルによるリカードの歪曲」という言葉を使っていた。この問題は、アダム・スミスの価値論に触れるときに再び取り上げることにしよう。

注

（1）Ｊ・Ｍ・ケインズ『雇用・利子および貨幣の一般理論』塩野谷祐一訳（東洋経済新報社、１９８３年）32－33ページ。

アダム・スミス

アダム・スミスといえば『国富論』（１７７６年）と反射的に出てくるほど、「経済学の父」としてのスミスの名声は絶大である。だが、有名であればあるほど、彼の思想が誤解を招きやすいキーワードで受験勉強のように「記憶」されるのは残念なことである。彼は巷の解説書では市場メカニズムによる「予定調和」を説いた「自由放任主義者」となっているが、その際に出てくるキーワードが「見えざる手」(invisible hand) である。しかし、「見えざる手」が『国富論』のどのような文脈で登場するのかを正確に知っているひとは多くない。

スミスは「資本主義」という言葉は使っていないが、彼の生きていた時代でも、「資本」が最大の利潤を求めて産業間を自由に動いていくことがこの経済システムの特徴だと捉えていた。ところが、まず留意すべきは、「見えざる手」という言葉が、『国富論』第4編「経済学の諸体系について」の重商主義批判のなかに出てくることである(1)。

資本家は「資本」を最大の利潤をもたらす部門に投ずるが、それを恣意的に歪めているのが重商主義の規制である。「重商主義のさまざまな統制は、資本のこのもっとも自然で有利な配分を、どうしても大なり小なり攪乱することになる(2)」と。スミスは、もしこのような規制がなく、自由競争によって「資本」の可動性が保障されていれば、「見えざる手に導かれて、自分では意図してもいなかった一目的を促進することになる(3)」と言っているのである。それゆえ、「見えざる手」を、市場における需要と供給を調整し、政府の介入が一切なくとも「均衡」をもたらしてくれる「市場メカニズム」の象徴的なキーワードとして理解するのは正しくない。

これからが重要なポイントだが、「資本」の可動性が自由競争によって保障されていればどうなるかといえば、最終的には、各部門で「均等利潤率」が成立するということである。これが古典派の真の意味での「均衡」である。もちろん、古典派は「均衡」という言葉は使っていないが、ここでは、マーシャルやワルラスなどの新古典派によって確立された、「需要と供給の均等」という意味での「均衡」概念とは明らかに異なっていることを強調するためにそう呼んでいる。そして、「自然価格」というのは、この意味での均等利潤率が成立したときの価格と理解するのが正しい。もちろん、スミスはリカードよりも若干曖昧で、「自然価格」を「賃金の平均率＋利潤の平均率＋地代の平均率」（簡単にいえば、「生産費」）として定義しているが、その生産費も、「資本」の可動性を通じて「均等利潤率」が成立したときの生産費と捉え直せば、古典派の特徴のひとつに数えてもよいだろう。

「市場価格」は、自然価格と違って、需要と供給の関係で決まるので、一時的には自然価格よりも高くも低くもなり得る（高い場合は均等利潤率以上の利潤率が、低い場合は均等利潤率以下の利潤率が成立していることになる）。だが、「資本」「労働」「土地」の自由な移動が可能であれば（「自由競争が支配していれば」と表現してもよい）、市場価格は、究極的には、自然価格のほうに引き寄せられていく。まるで「重力の中心」であるかのように。スミスは、次のように言っている(4)。

それゆえ、自然価格というのは、いわば中心価格《セントラル・プライス》であって、そこに向けてすべての商品の価格がたえずひきつけられるものなのである。さまざまな偶然の事情が、ときにはこれらの商品価格を中心価格以上に高く釣り上げておくこともあるし、またときにはいくらかその下に押し下げることもあるだろうが、このような静止と持続の中心におちつくのを妨げる障害がなんであろうとも、これらの価格はたえずこの中心に向かって動くのである。

それゆえ、スミスは、市場価格が自然価格に収斂していくのを妨げる重商主義の規制や独占などには極めて厳しい態度をとった。『国富論』を読んだことがあれば、あちこちに、スミスの反独占の見解が表明されているのをよく知っているだろう(5)。

独占者たちは、市場をいつも供給不足にしておくことによって、すなわち有効需要を十分に満たさないことによって、自分たちの商品を自然価格よりずっと高く売り、彼らの利得を、それが賃金であれ利潤であれ、その自然率以上に大きく引き上げようとするのである。

同業組合の排他的な特権や徒弟条例、その他特定の職業において、競争を少数の者に制限し、そうでなければそこに参加できる者を締めだすようなすべての法律は、程度の差は劣るが、右と同じ傾向をもっている。それらは一種の拡大された独占であって、しばしば数世代にわたって、いくつかの職業の全部門をつうじて、特定の商品の市場価格を自然価格以上に維持し、それらに用いられる労働の賃金と資本の利潤との双方を、自然率よりいくらか高く維持するのである。

ただし、ひとつだけ留意すべきことがある。スミスが独占を排し、競争を推奨するとき、その「競争」とは儲けるためには何でもしてもよいという意味では決してない。ここでは、『国富論』と前の著作『道徳感情論』（初版1759年）をつなぐ「共感」（sympathy）概念が重要な役割を演じるが、かいつまんでいうと、「公平な観察者」によって是認されないような行動はとってはならないのである。『道徳感情論』から引用してみよう。(6)

富、名誉および昇進をめざす競走のなかで、個人は可能なかぎり懸命に走り、すべての競争相手より勝るために、すべての神経と筋力を精一杯使っても良いのである。だが、もし彼が競争相手の誰かを押したり、投げ倒したりしたら、観察者の寛恕は完全に尽きるだろう。それはフェアプレイの侵犯であり、誰も認めることができないことである。

このような見解は、『国富論』にも受け継がれており、「競争」といっても、「フェアプレイ」の精神を侵害した行動は排除されなければならないのである。スミスを指して「自由放任主義者」という単純なレッテルを貼ってはならないゆえんである。スミスは「企業活動の自由」を称賛した者としてビジネスマンに人気が高いが、ところが、スミスは、資本家にはつねに監視の目を光らせておかなければ、「フェアプレイ」の精神を侵害しかねないとみていたのである。彼の次の言葉を忘れるべきではない(7)。

わが商人たちや製造業者たちは、高い賃金が価格を引き上げる点で悪効果をもたらし、そのために自分たちの財貨の売行きが国の内外で減ってくる、と不平を鳴らしているが、しかもかれらは、高い利潤の悪効果については、黙して語らないのである。かれらは、自分たちの利益の有害な効果については沈黙を守り、ただ、他人の利得についてだけ不平をいうのである。

注

（1）アダム・スミス『国富論Ⅱ』大河内一男監訳（中公文庫、1978年）129ページ。
（2）前同、410ページ。
（3）前同、120ページ。
（4）アダム・スミス『国富論Ⅰ』大河内一男監訳（中公文庫、1978年）99ページ。
（5）前同、104ページ。
（6）アダム・スミス『道徳感情論』高哲男訳（講談社学術文庫、2013年）165ページ。翻訳は、第6版（1790年）から。
（7）アダム・スミス『国富論Ⅰ』、前掲、164ページ。

フランソワ・ケネー

アダム・スミスは、バックルー公の家庭教師として大陸に「グランド・ツアー」に出かけたとき、「重農主義」（フィジオクラシー）と呼ばれる学派の総師であったフランソワ・ケネーにも実際に会っている。重農主義という言葉は、ケネーが農業を重視していたがゆえにそういう訳語が定着してしまったのだが、もともと、フランス語の「フィジオクラシー」は「自然の支配」という意味だったことに留意しておく必要がある。

スミスは、ケネーの天才を尊敬していたので、『国富論』を書き上げたらケネーに謹呈するはずだったが、残念ながら、出版されたときケネーはすでにこの世のひとではなかった。『国富論』のなかには、フランスの重商主義（コルベール主義）を批判していたケネーへの共感から、重農主義が「農業」のみを生産的と捉えた視点は狭かったが、これまでの経済学のなかで最も真理に近づいた業績であったと最大限の賛辞を捧げている[1]。

土地で使用される労働が唯一の生産的労働だとする点で、この学説が説き勧める見解は、多分に偏狭で局限されすぎてはいるけれども、しかし、諸国民の富が、貨幣という消費できない富から成るものではなくて、その社会の労働によって年々再生産される、消費できる財から成るとする点で、また、完全な自由こそ、この年々の再生産を可及的に最大値にするための唯一の効果的な方策だと主張する点で、この理論はどこからみても寛大で自由であるとともに、正当だと思われる。

ケネーは、『経済表』（最初の「原表」は1758年）という一つの「表」によって経済学史に不滅の業績を遺した稀有の天才である。(2) もちろん、『経済表』以外にもいろいろな論文を書いているが、彼がその他で書いたすべての要素が一つの表のなかに凝縮されている。

表には、中央に「地主階級」、左側に「生産階級」、右側に「不生産階級」が配置されている。スミスが指摘したように、ケネーは、農業のみが「生産的」であり、それ以外の産業は「不生産的」であると捉えている。地主階級はその貨幣を生産階級と不生産階級に半分ずつ支出し、その後、生産階級の生産物（農産物）と不生産階級の生産物（工業製品）と貨幣がどのように流れていくか、ジグザグの線で示されている。ケネーはもともと外科医であったが、ある説によれば、ウィリアム・ハーヴェイの「血液循環説」にヒントを得て、このような表を構想したという。

この表をみると、同じ再生産額（1500リーブル）が年々歳々繰り返されている状態が描かれているのがわかるが、これは、現代的な表現を使えば、「静態」（stationary state）のモデルである。マルクスなら「単純再生産」と呼ぶだろう。だが、このような状態を一つの表で把握したのがなぜ画期的だったかといえば、この表によって経済学史上はじめて経済システムの存続可能性が、個々の経済主体の意思や思惑とは独立に、客観的な法則として提示されたからである。このような視点は、古典派やマルクスを経て現代のピエロ・スラッファにまで受け継がれていく。

シュンペーターは、授業や雑談のなかで、経済学史上の「偉人」は三人で、すべてフランス人だとよく語っていたらしいが、ケネーはそのなかの一人である（ほかの二人は、クルノーとワルラス）(3)。あとの二人は評価が分かれるが、ケネーに関する限り、正当な評価だと思う。

ケネーは、繰り返しになるが、農業のみが「純生産物」を生み出すという意味で「生産的」であると捉えた。このような思想が出てきた背景には、商工業や外国貿易を偏重したコルベール主義が農村ひいてはフランス経済を疲弊させたというケネーの現状認識がある。

コルベール主義は、工業製品の価格を低めに抑えて輸出を増やそうとしたが、製品価格を低めに設定するためには低賃金政策が必要であり、低賃金にするには農業の生産物（穀物）の価格を人為的に低い水準に釘づけにしなければならない。ケネーの言葉では、コルベール主義は、穀物の「良価」の実現を阻んできたのだということになる。それゆえ、ケネーは、「良価」の実現のためには、穀物の流通を外国貿易も含めて自由にし、重商主義の規制を撤廃しなければならないと主張する。のちにスミスも説くように、ケネーもまた「経済的自由主義」の支持者であった（ただし、国家には重要な役割があるので、決して「自由放任」を説いたわけではない）。

農業のみが「純生産物」を生み出すという意味で「生産的」ならば、「純生産物」のみが課税の対象になるということだが、「純生産物」は、結局、地主階級の収入となるので、地主階級のみが納税者となる。これがケネーの「土地単一税」の思想である(4)。

租税が破壊的なものではないこと。すなわち、国民の収入の総額に不釣り合いなものでないこと。租税の増加は国民の収入の増加に準拠すること。租税は土地の生む純生産物に対して直接課されること。そして生産物（農業以外の生産物）のうえに課されないこと。もし生産物に課されるならば、租税は徴税費を増加させ、商業を害するであろう。

租税はまた、土地を耕作するフェルミエの前払から徴収されないこと。なぜなら王国において、農業の前払は、国民の租税と収入の生産にとって大切に保存されるべき恒常的なものとみなされなければならないからである。さもなければ、租税は化して詐取となり、衰退を惹き起こして国家をただちに死滅させることになる。

租税の反対は財政支出だが、ケネーは、濫費は戒めるものの、ただ節約すればよいものだとは決して考えていない。「政府は節約に専念するよりも、王国の繁栄に必要な事業に専念すること。なぜなら、支出が多過ぎても、富が増加すれば、過度ではなくなりうるからである」と。(5)

ケネーは、通俗的な解説書では、ときに「自由放任」(レッセ＝フェール)を説いた重農主義の創設者として紹介されることがあるが、ケネーの著作集を丹念に読んでいくと、「国家」や「統治」という言葉がしばしば登場することに気づく。ケネーの『経済表』は、彼にとって理想的な「農業王国」の世界を描写したものだが、そのような農業王国の実現可能性は、実は、「開明的専制君主」、つまり主権者のよき政治にかかっているのである。とくに、「中国の専制政治」(1767年)と題された論文を読むと、彼が理想とした開明的君主像がよくわかる。主権者の仕事は、土地単一税、財政支出のよき使用、公共事業など、たくさんあるのである。

ケネーの『経済表』は、ヴェルサイユ宮殿の地下にある印刷所で印刷されたと言われている。彼はその宮殿の「中二階の部屋」に居住していた外科医であったという意味で決して「反体制派」のひとではないが、土地単一税の提案は、「アンシャン・レジーム」の下での特権階級である地主階級の利害と鋭く対立する、きわめてラディカルな思想である。それゆえ、「中二階の部屋」の住人として、ケネーは開明的専制君主による「上からの改革」に期待を寄せていたのだ。決して自由放任主義者ではない。

注

（1）アダム・スミス『国富論Ⅱ』大河内一男監訳（中公文庫、1978年）497－498ページ。
（2）フランソワ・ケネー『ケネー　経済表』平田清明・井上泰夫訳（岩波文庫、2013年）。
（3）都留重人『近代経済学の群像』（教養文庫、1993年）211ページ参照。
（4）フランソワ・ケネー『ケネー　経済表』、前掲、61ページ。（　）内は引用者が補った。
（5）前同、100ページ。

ヨゼフ・アロイス・シュンペーター

シュンペーターがケネーをワルラスやクルノーとともに極めて高く評価していたことは右で述べた通りだが、シュンペーターは、遺作『経済分析の歴史』（1954年）のなかで、ケネーと重農主義者たちが経済学の歴史上はじめて「学派」を形成したと捉えている。[1] 重農学派に匹敵するのは、「正統派マルクス主義者たち」と「正統派ケインジアンたち」の二つがあるのみで、いずれも師匠の教えに対する忠誠とその伝道によって特徴づけられると。シュンペーター自身は学派をつくれなかったが、皮肉にも、「経済学史家」としての彼は、この学問における学派の形成過程や役割に精通していた。

ところで、ケネーの『経済表』は、シュンペーターの言葉では「静態」（stationary state）のモデルだが、シュンペーターは彼の名前を世界的にした名著『経済発展の理論』（1912年）のなかで、静態を厳密に描写している。すなわち、静態の世界には、経済主体は、「本源的生産要素」（労働と土地）の所有者（労働者と地主）しか存在しない。そこでは、すべての生産物価値は労働用役と土地用役の価値の合計に等しくなると。

だが、静態の世界は、新しい可能性を誰よりも早く見抜き、そのひとが「企業者」となり、企業者が「資本家」（銀行家）の資金的援助によって新結合（のちに「イノベーション」と呼ばれるようになる）を遂行することによって破壊される。その瞬間、「動態」が始動する。

静態を厳密に定義し、その世界には企業者と資本家が不在としたのは現実から遠く離れた「抽象」のようにみえるが、そうしたからこそ、彼は動態における企業者と資本家の役割と経済発展の根本現象を鮮やかに描写することに成功しているのだ。

シュンペーターの新結合は、次の五つの場合を指している(2)。

1　新しい財貨の生産
2　新しい生産方法の導入
3　新しい販路の開拓
4　原料あるいは半製品の新しい供給源の開拓
5　新しい組織の実現（例えば、トラストの形成や独占の打破）

シュンペーターは、企業者を新結合を遂行する者と定義し、静態の世界で単に循環の軌道に従って企業を経営しているに過ぎない者（「単なる経営管理者」）とは峻別する。企業者の新結合に資金を提供するのが「資本家」だが、この場合の資本家は銀行家に他ならない。前に触れたように、企業者と銀行家が動態においてのみ現れるというのがシュンペーター理論の特徴である。

静態の世界では、すべての生産物価値は労働用役と土地用役の価値の合計に等しいので、それ以外の所得は存在しない。だが、企業者による新結合が成功すると、労働者にも地主にも帰属しない所得（企業者利潤）が生まれる。企業者利潤が動態においてのみ発生するという意味で、これを「動態利潤説」という。

また、新結合は原則として旧結合と並んで現れるので、新結合を成功させるには、必要となる生産手段を何らかの旧結合から奪ってこなければならない。ところが、静態の世界には、新結合を賄う資金の源泉がないので、生産手段ストックを転用するには、唯一の資本家としての銀行家の援助が必要である。企業者は、こうして、銀行家の信用創造によって初めて新結合を遂行することができるのである。そして、資本家に特有の所得（利子）は、企業者利潤から支払われるので、利子もまた動態的現象ということになる。

静態の世界が企業者による新結合の遂行によって破壊され、動態が始動するわけだが、先陣を切った企業者による新結合の成功は、大量の模倣者を呼び込むだろう。なぜなら、模倣者たちは先駆者によってすでに道が開かれているので、より容易に新結合を遂行することができるからである。このような新結合の群生が、経済を「好況」へと押し上げるのである。

だが、好況は永遠には続かない。企業者は銀行家の信用創造によって新結合を賄ったのだから、その債務を返済しなければならない。これは好況時の信用拡張期とは対照的に信用収縮期を用意する。また、やがて新結合の成果として新しい財貨が市場にあふれるようになるので、需給関係から価格水準は低下していく。シュンペーターは、この過程を新結合によって創造された新事態に対する経済体系の適応と捉えているが、これが「不況」なのである。この適応過程は、再び静態の世界に戻るまで続くが、新しい静態は発展の成果が実質所得の増加という形で表れているので古いものとは区別される。以上が、『経済発展の理論』の骨子である。

シュンペーター以前の正統派経済学では、生産要素の入手可能量の変化、人口の増加、貯蓄の増加などが経済発展への契機となると説かれていた。シュンペーターがここで主に念頭に置いているのはマーシャル経済学だが、シュンペーターはわざわざ注記して、「これらの年々の変化はきわめてわずかであり、したがって静態的考察方法の適用を妨げないからである。それにもかかわらず、これらの変化の発生はしばしばわれわれの意味での発展の条件となる。しかし、たとえこれらが発展を可能にすることがあるとしても、自分自身の中から発展を創造するのではない[3]」と述べている。ところが、非連続的で急激な変化の場合はそうはいかない。企業者による新結合の遂行は、まさにこの例の一つなのである。

実は、シュンペーターは、若き日からケンブリッジ学派の創設者で欧米の経済学界に君臨していたアルフレッド・マーシャルを意識し、マーシャルの「自然は飛躍せず」という資本主義の漸進的発展のヴィジョンに代わるものを打ち立てたいと願っていた。そのような対抗心は、第一作目の『理論経済学の本質と主要内容』（1908年）の中ですでに表明されている[4]。

〝自然は飛躍せず〟（natura non facit saltum）――この命題を題辞《モットー》としてマーシャルはその著書の冒頭に掲げたが、実際、それはこの著書の特色を適切に表現している。しかし私は彼に反対して、人間の文化の発展、とりわけ知識の発展は、まさに飛躍的に生ずることを主張したい。力強い跳躍と停滞の時期、溢れるばかりの希望と苦い幻滅とが交替し、たとえ新しいものが古いものに基礎を置いていようとも、発展は決して連続的ではない。われわれの科学は如実にこれを示しているのである。

マーシャルの後には彼の弟子で経済学に「革命」と呼ばれるほどの変革を成し遂げたケインズがシュンペーターのライバルになるが、その話はまた別の機会にとっておく。ここでは、シュンペーターが当時の正統派経済学の大御所であったマーシャルを標的に選び、彼を乗り越えることによってみずからの独創性を獲得しようとした事実をしっかり押さえておきたい。

注

（1）J・A・シュンペーター『経済分析の歴史（上）』東畑精一・福岡正夫訳（岩波書店、2005年）403ページ参照。
（2）J・A・シュムペーター『経済発展の理論（上）』塩野谷祐一・中山伊知郎・東畑精一訳（岩波文庫、1977年）183ページ参照。
（3）前同、175ページ。
（4）J・A・シュムペーター『理論経済学の本質と主要内容（上）』大野忠男・木村健康・安井琢磨訳（岩波文庫、1983年）52-53ページ。

レオン・ワルラス

レオン・ワルラスは、シュンペーターが「経済理論」に関する限り「最も偉大である」(the greatest)と絶賛したフランスの経済学者である。[1] 欧米語では最大級を使うときも、"one of the greatest"という場合が多いが、シュンペーターの表現は例外に近い。『経済発展の理論』の日本語版への序文には、「ワルラスに対して、われわれは、経済体系の概念と、われわれの学問の歴史において初めて経済諸量間の相互依存の純粋論理を有効に包含する理論的装置を負うている」という文章が見られるが、[2] シュンペーターの経済学史観では、誤解を恐れずに言えば、ワルラスの一般均衡理論という高みにどれほど近づいているかによって経済学者の評価がなされる傾向があるくらいである。オーストリア学派の本拠地であるウィーン大学に学びながら、ローザンヌ学派の創設者(ワルラスはローザンヌ・アカデミーで教鞭をとったので、そう呼ばれている)を初期に熱心に研究していたシュンペーターは少数派であったに違いない。

ワルラスは、いまでは、「経済理論家」として評価されているが、ところが、彼が経済学に向かったのは「社会正義」への関心からであった。1860年7月、ワルラスは、ローザンヌで開かれた国際租税会議に参加しているが、彼はそこでプルードン批判の形を借りた独自の正義論を展開した（同年、『経済学と正義』と題して出版されている）。彼の正義論は、「社会経済学」の土台となるが、専門家には受けがよくなかった。ただ、その会議で将来スイスのヴォー州の公教育部長となるルイ・リュショネというスイス人と知り合ったことが、十年後、ワルラスのローザンヌ・アカデミー（のちにローザンヌ大学となる）での教授職につながっていく。人間の運命はわからないものである。

ワルラスの名声は、『純粋経済学要論』（1874–77年）における「純粋経済学」（一般均衡理論と言い換えてもよい）の提示によって確立されたとみるのが通説だが、彼はローザンヌで「純粋経済学」のほかに、「応用経済学」と「社会経済学」を担当しており、実は、この三つが彼の「科学的社会主義」の体系を構成しているのである。(3)

「純粋経済学」とは、ワルラスによれば、「絶対的な自由競争」（今日では「完全競争」という）を仮定したときの価格決定理論のことだが、『純粋経済学要論』の狙いは、かいつまんで言えば、完全競争の仮定の下で、主体的均衡（効用極大化と利潤極大化）と市場均衡が同時に達成されることを厳密に証明することであった。その際、『純粋経済学要論』は、理論の展開に当たって、一歩一歩問題の範囲を広げるような方法をとっている。例えば、第二編「二商品の間の交換の理論」→第三編「多数の商品の間の交換の理論」→第四編「生産の理論」→第五編「資本形成および信用の理論」→第六編「流通および貨幣の理論」というように。だが、留意すべきは、ワルラスがつねに方程式と未知数の数が一致することを念入りに確認していることである。このような方法論は、現代経済学の眼からみれば、幾つかの難点があるが（例えば、たとえ方程式と未知数の数が一致したとしても、経済的に意味のある均衡解が得られる保障はないなど）、ワルラスは、その解法こそが、真の経済学者をそうでない経済学者から区別するメルクマールだと信じていた(4)。

数学を知らず、数学とは何であるかということさえ正確に知らないで、数学は経済学の原理の解明に役立たないと決め込んでいる経済学者についていえば、「人間の自由は方程式で表わすことはできない」とか、「数学は精神科学においてはすべてである摩擦を捨象する」とか、その他同様の力しかない他愛もないことを繰り返していっているだけである。彼らは自由競争における価格の決定の理論が数学的理論ではないと主張することはできない。だから彼らは、数学を避けて純粋経済学の基礎なくして応用経済学を構成するか、または必要な武器をもたないで純粋経済学を構成しその結果ははなはだ悪い純粋経済学とはなはだ悪い数学とを同時に作り上げるか、のいずれか一つを選ばなければならない。私は本書の第40章に私の理論と同様に数学的でありながら、私の理論とただ一つの点で相違している理論の見本を掲げた。その相違点とは、私が私の問題において未知数と同数の方程式を得ることを常に厳守したのに対し、これらの学者は一つの未知数を二つの方程式によって決定しようとしたり、あるいは一つの方程式を用いて二個、三個または四個の未知数を決定しようとしたことである。このような方法は純粋経済学を精密科学として構成する方法に全く相反するものと考えられるであろうことを私は希望する。

ところで、完全競争の仮定は、「純粋経済学」だけをとる限り、単なる「仮定」に過ぎないが、ワルラスの三部作（『純粋経済学要論』のほかは、『応用経済学研究』（1898年）と『社会経済学研究』（1896年）と題された二つの論文集がある）全体の中に位置づけようとすると、そうではなくなる。実際、ワルラスは、いったん、完全競争の仮定の下、一定の制約の下で主体的均衡と市場均衡が同時に達成されることが証明されるならば、その事実は有益な「原理」または「準則」となり、それを農業・工業・商業に具体的に適用することを可能にするという趣旨のことを述べている。「このようにして、純粋経済学の結論はわれわれを応用経済学の入口に立たせる」(5)のであると。すなわち、「応用経済学」の課題とは、完全競争の機能が十分に達成される条件とは何か、そして、もしそれが十分に機能しないならば国家はいかにして干渉すべきかを明らかにすることなのである。だが、問題はまだ残っている。ワルラスの完全競争についての証明は、「効用」の問題を明らかにしたが、「公正」の問題を考慮していなかった。公正の問題とは、換言すれば、所有権の問題であるが、この問題を研究課題にするのが「社会経済学」なのである。

ワルラスによれば、分配されるべき社会的富は、「土地」と「人格的能力」の二つだが、自然権によって、人格的能力は個人に、土地は国家に属している。そして、正義の原理とは、一言でいえば、「地位の不平等、条件の平等」という言葉に尽きている。人格的能力には個人差があり、各人は自分自身の責任で自分の目的を追求し、みずからの運命を切り開く権利と義務をもっている。すなわち、「地位の不平等」は許される。だが、それが許される前提として、本来、自然の賜物である土地は国家に所属させなければならない。ワルラスが土地の国有化を主張したのは、それによって「条件の平等」を実現するためなのである。ワルラスは、このような正義の原理を『経済学と正義』以来あたためてきたわけだが、ワルラス三部作が揃って初めて、ワルラス流の「科学的社会主義」の全体像が明らかになるのである。

ところで、一般均衡理論を数学的に提示し、現代経済学の基礎をつくったワルラスだが、実は、学生時代から数学的能力がとくに優れていたわけではなかった。というよりも、数学があまりできなかったがゆえに、名門エコル・ポリテクニーク（理工科学校）の入試に落ちたくらいなのだ。彼が提示している数学的モデルも、まことに不器用なものである。数学がもともと得意でなかったワルラスが数理経済学者の開拓者となり、数学者でのちに経済学者に転向したマーシャルのほうが数学の過度の使用を警戒するようになるのは、なんとも皮肉なことだ。

注

（1）Ｊ・Ａ・シュンペーター『経済分析の歴史（下）』東畑精一・福岡正夫訳（岩波書店、２００６年）１４６ページ。

（2）Ｊ・Ａ・シュムペーター『経済発展の理論（上）』塩野谷祐一・中山伊知郎・東畑精一訳（岩波文庫、１９７７年）Preface to the Japanese Edition（英文のまま収録されている）。

（3）御崎加代子『ワルラスの経済思想』（名古屋大学出版会、１９９８年）参照。

(4) レオン・ワルラス『純粋経済学要論』久武雅夫訳(岩波書店、1983年)第4版(1900年)への序文、xix-xx ページ。
(5) 前同、251ページ。

ジョン・ヒックス

経済学の世界でジョン・ヒックスといえば、名著『価値と資本』(初版は1939年)で有名なイギリスの経済学者だが、インターネットが普及するようになって彼の名前で検索してみると、アメリカ人で同姓同名のジャズ・ピアニストがしばしばヒットすることに気づいた。経済学辞典をめくっている限りは決して辿り着かない偶然の一致である。

もっとも、ヒックスの初期の著作は、John Richard Hicks という名前で登場しているので、正確には同じではない。だが、のちにも触れるが、ヒックスは、ある段階から「リチャード」をとって「ジョン・ヒックス」と名乗るようになった。

ヒックスは、アメリカの経済学者ポール・A・サムエルソンとともに、第二次世界大戦後の経済学教育に大きな影響を及ぼしたが、彼の名声は戦前の『価値と資本』によって確立していた。私たちが経済学を学び始めた頃は、経済学入門はサムエルソンの『経済学』（初版は1948年で、3〜5年の間隔で改訂された）がスタンダード、現代経済学の古典はケインズの『雇用・利子および貨幣の一般理論』（1936年）とヒックスの『価値と資本』の二冊だったといってもよい。『一般理論』がマクロ経済学の誕生と発展に貢献したのに対して、『価値と資本』は現代ミクロ経済学の基礎を築いたという意味で、現代のマクロ経済学とミクロ経済学はここから始まったといっても過言ではない。

『価値と資本』は、いまでは、岩波文庫の中に収録されているが[1]、訳者の二人（安井琢磨と熊谷尚夫）がともに博学な経済学者だったので、初学者は安心して翻訳を読むことができた。熊谷尚夫氏の『現代経済学入門』（日本評論社、1960年）もよく読まれていたが、ミクロ経済学の解説部分では、ヒックスが『価値と資本』第一部「主観的価値の理論」で導入した概念がいくつも出てくる。例えば、「限界代替率逓減の法則」「所得効果」「代替効果」等々。それだけ『価値と資本』第一部の内容が経済学の共有遺産になっている証拠である。

ヒックスは、若い頃、ライオネル・ロビンズがリーダーシップを発揮して経済学の革新を成し遂げつつあったLSE（ロンドン・スクール・オブ・エコノミックス）に職を得て、経済理論家としての腕を磨いていった。イギリスでは、ケンブリッジ大学教授をつとめたアルフレッド・マーシャルの『経済学原理』（初版は1890年）がケインズ革命に至るまで学界を支配していたが、LSEではロビンズを中心に大陸の経済学（オーストリア学派、ローザンヌ学派、スウェーデン学派など）が熱心に研究されていたので、ヒックスもマーシャル経済学（「ケンブリッジ学派」と呼んでもよい）ばかりでなく、大陸の経済学の文献を広く渉猟し、『価値と資本』という偉大なる総合の書にまとめていった。

『価値と資本』は、ヒックスが基本的に「ワルラシアン」であった頃の著作である。彼は、経済体系の方程式と未知数の数が一致すると均衡解が得られるという意味でのワルラスの一般均衡理論の思考法を受け容れている。だが、ヒックスは、単なるワルラシアンではない。ワルラス経済学は、ヒックスの用語では、「日付」が関係していないという意味で「経済静学」に属するが、それに対比されるのが各数量が「日付」をもつような「経済動学」である。『価値と資本』は、動学を真正面から取り扱う本ではないが、静学を基礎にある工夫を考案することによって静学と動学の間を橋渡ししようとする。

その工夫とは、「その間では価格の変化を無視しうる期間」として定義された「週」という概念である。(2)「週」のうち月曜日にだけ市場が開かれ、契約もその日にだけ結ぶことができると仮定する。月曜日の終わりには、すべての市場において「一時的均衡」が成立するが、経済主体は、月曜日に決まった均衡価格と将来の市場に関する予想（これは「予想価格」に反映される）に基づいて、将来の消費と生産の計画を立てる。そして、次の月曜日を迎え、また市場が開かれる。だが、その日の均衡は前の「週」の計画を満たすとは限らないので、計画の修正がなされる。かくして、「週」という工夫によって、「変動の過程を一系列の一時的均衡から成るものとして取り扱うことができるようになる」のだ。[3] ヒックスは、このようなアイデアをスウェーデン学派（G・ミュルダールやE・リンダールなど）から学んだという。

だが、ヒックスは、次第に「週」という概念に不満を抱くようになった。彼は、のちの論文「経済学における時間」（1976年）のなかで、次のように回想している。[4]

私は一種の橋を架けた。しかし、現在では私も十分に承知しているように、それは非常に不十分な橋であり、ケインズによって架けられていた不完全な橋とあまり変わらないようなものであった。ケインズは、生産と価格の理論全体を均衡経済学に委ねていたが、私は生産を時間の中に入れておき、価格だけ均衡的方法で決定されるようにしようと試みた。すなわち、私はケインズを超えて進み、リンダールの方に近づきたいと思った。しかし、私は「週」という不自然な工夫によってしか、そうすることができなかった。その「週」というのは、すべての価格が「月曜日」において、今日では「ネオ・ワルラス的」あるいは「新古典派的」と呼ばれるような方法で決定される工夫であった。そして、これらの予め定められた価格を基礎に、時間の中にある生産が進行することができたのである。それは、若干のポイント――若干の実際に重要なポイントでさえ――を確かにかなり巧妙に明らかにした。しかし、私は、それらがいかに不自然なものであったかを十分過ぎるほど意識するようになった。いかに多くのことが、あの「月曜日」に起こらなければならなかったことか！

静学と動学の間の「橋渡し」に失敗したという意識は、価格が完全競争の世界で需給均衡によって決定されるという新古典派的思考法に対する疑問によって増幅される。たしかに、いまでも、農鉱産物の市場のように、価格が需給均衡によって決定される市場（「伸縮的価格市場」）は一部に残っている。だが、八割ないしそれ以上は、製造工業品の市場のように、生産者が生産費に基づいて価格を決定する市場（「固定価格市場」）が支配的である。それゆえ、ヒックスは、1960年代の中頃から、次のように言うようになった（例えば、「動学的経済学の方法」1965年）。「『価値と資本』が道を誤ったところは、それが例外的な市場をあたかも正常なケースであるかのように取り扱ったことである[5]」と。

後期ヒックスは、明らかに前期ヒックスの代表作『価値と資本』とは別の道を歩みだしていた。「後期」が正確にいつ始まるかを特定するのは難しいが、明確に「転向」したと認められる『経済史の理論』が1969年に出版されているので、その前の間に徐々に「後期」に近づいたと言ってもよいだろう（『経済史の理論』は、今日では、講談社学術文庫に収録されている）。自分の著作を、以前の「ジョン・リチャード・ヒックス」ではなく「ジョン・ヒックス」の名前で出し始めたのもこの頃である。しかし、皮肉にも、「転向」したあとのヒックスは、1972年に前期の業績で「ノーベル経済学賞」の栄冠に輝いた。彼の心の内は複雑であった[6]。

ノーベル賞が（1972年に）筆者の「一般均衡と厚生経済学」に関する仕事に与えられた。これらは、疑いもなく『価値と資本』（1939年）と、その直後から執筆した消費者余剰に対する論文を指している。これらは、最近になって論争の的となった「新古典派経済学」に関する標準的な文献の一部となった仕事である。しかし、これはずっと以前の仕事であり、筆者自身としてはそこからすでに抜け出してきた仕事に対して栄誉を与えられたことについては、複雑な心境にある。

ヒックスは温厚で教養のあるイギリス紳士の典型であり、サルトルのように、ノーベル賞を辞退することはなかったが、自分が辿り着いたのは「後期ヒックス」の立場であるという明確な意識をもっていたようである。ノーベル賞もときには「残酷」なことをするものだ。

注

（1）Ｊ・Ｒ・ヒックス『価値と資本（上・下）』安井琢磨・熊谷尚夫訳（岩波文庫、１９９５年）。
（2）Ｊ・Ｒ・ヒックス『価値と資本（上）』、前掲、２１６ページ。
（3）前同、２２４ページ。
（4）John Hicks, "Time in Economics", in *The Economics of John Hicks*, edited by Dieter Helm, 1984, pp. 270-271.
（5）John Hicks, "Methods of Dynamic Economics", in *The Economics of John Hicks*, op. cit., p. 206.
（6）Ｊ・ヒックス『経済学の思考法』貝塚啓明訳（岩波書店、１９８５年）ｖ－ⅵページ。

ポール・A・サムエルソン

ヒックスは、フランク・ハーンによれば[1]、1946年をアメリカ経済学隆盛のターニング・ポイントと見なしていたらしい。そして、第二次世界大戦後のアメリカの経済学界において大きな影響力をふるったのがポール・A・サムエルソンであったことに異議を唱えるひとはほとんどいないだろう。

だが、多くの証言があるように、サムエルソンの名前は、戦前のシカゴ大学での学部生時代から「恐るべき子供」として有名であり、その後ハーヴァード大学の大学院生やジュニア・フェローの時代を通じても変わらなかった。期待に違わず、彼は20代の初めから最先端の分野で学術論文を量産し続けた天才であった。ハーヴァードの大学院生の頃、一緒に学んだ都留重人は、サムエルソンの言葉として次のようなものを伝えている[2]。

自分は、身動きできないほど繁茂してしまったいばらの森の中で、一つの小さなナイフをもって、人の通れるような道をつくろうとしているようなものだと考えている。経済学というのは、経済学者の数の自乗に正比例するぐらいの繁雑さで、カテゴリーや体系のはんらんをみせてきているが、結局は概念規定や推理の過程をはっきりさせてつきつめてみると、原理的な骨格ともいうべきものは、案外に簡単なものであり共通性をもったものであることが分かると思う。

この言葉をみずから実践したのが、1944年にハーヴァード大学に提出された博士論文であり、戦後『経済分析の基礎』（1947年）と題して出版された名著である。この本は、当時としてはかなり高度な数学を駆使して新古典派経済学の「基礎」を厳密に体系化したものだが、根本的なアイデアは極めて簡潔である。(3)

いろいろな理論の中核をなしているものの間に類似点が認められるという事実は、そこに個々の理論の底を貫いて流れ、しかもそれぞれの中核を互いに結びつけている一般理論が存在することを示唆している。

経済学のいろいろな分野（生産の理論、消費者選択の理論、国際貿易、財政学、等々）における理論の「中核」にある「類似性」とは、一言でいえば、「最適化原理」のことだが、これを適用すれば、消費者の効用極大化や企業の利潤極大化のような問題は、比較的簡単に均衡条件を求めることができる。

また、均衡理論では、ある体系の与件が変化したとき、価格や数量がどのように変化するかを考える「比較静学」という方法があるが、これは広範囲の問題に適用可能であり、ポパー流の反証可能という意味での「意味のある定理」を導き出すことができる。

だが、もちろん、景気循環のように、最適化原理がそのままの形では適用できない問題はある。サムエルソンは、その場合でも、その体系の均衡の動学的安定条件と比較静学の間に密接な関係があるという「対応原理」の適用によって「意味のある定理」を導き出すことは不可能ではないと主張した(4)。

サムエルソンは、『経済分析の基礎』によって、学界における地位を確固たるものにした。長年MIT(マサチューセッツ工科大学)で同僚だったロバート・ソローは、『経済分析の基礎』によって厳密な経済理論とは何なのかということを学んだというふうに回想しているが(5)、それは決して褒め過ぎではない。アメリカ人として初めてノーベル経済学賞(1970年度)の栄冠に輝いたのも、若き日のこの仕事であったのだから。サムエルソンのハーヴアード時代の恩師シュンペーターは、学者の20代を「神聖なる多産の十年間」と呼んでいたが、サムエルソンの場合も、20代に成し遂げた偉業が、その後の学者人生を決定したと言ってもよいだろう。

だが、サムエルソンは、新古典派経済学の「基礎」を厳密に定式化するという仕事の傍ら、1930年代のケインズ革命にもすすんで身を投じたケインジアンでもあった。ケインズの『一般理論』は、ハーヴァードを経由してアメリカの学界や官界に根づいていくのだが、当時若き大学院生だったサムエルソンは、ケインズ経済学を一生懸命に研究し、のちに最も簡単なケインズ・モデルである45度線による理解を普及させるのに尽力した。ミネソタからハーヴァードに転じたアルヴィン・H・ハンセンとともに、サムエルソンがアメリカにおけるケインズ経済学の発展に寄与した功労者のひとりであったことは間違いない。

1948年に第1版が出版されたサムエルソンの教科書『経済学――入門的分析』も、ケインズ経済学の影響なしには語れない。もちろん、経済学の入門書だから、マクロ経済学もミクロ経済学も解説されているのだが、順番はマクロからミクロへというように、ケインズ革命の影響は大きかった。『経済学』は、その後、3～5年の間隔で改訂され、全世界で経済学を学ぶ学生や社会人たちに広く読まれた。

だが、ひとつの問題があった。市場メカニズムを基本的に信頼した新古典派経済学と、「有効需要の原理」によって自由放任主義に引導を渡したケインズ経済学との「整合性」をどのように考えればよいのかという問題である。サムエルソンは、この問題を「新古典派総合」というプラグマティックなアイデアで折り合いをつけた。

1930年代の大恐慌のように、経済を自由放任に任せておくと、大量の「非自発的失業」（働く意思がありながら、「有効需要」の不足によって職に就けないこと）が生じる可能性がケインズによって論証された。それゆえ、政府は、ケインズ経済学の思考法に沿って「総需要管理」をおこない、経済をできるだけ完全雇用に近づける努力をしなければならない。しかし、完全雇用が実現されたなら、市場メカニズムに信頼を置く新古典派経済学が復活するのだと。ケインズ経済学はマクロ経済学、新古典派経済学はミクロ経済学であったから、新古典派総合とはマクロとミクロの「平和共存」と呼んでもよい(6)。

財政金融政策を適当に補強することにより、われわれの混合企業制度はブームやスランプの行き過ぎを避けることができ、また健全な前進的成長の展望をもつことができる。この基本的な点が理解されれば、小規模の「ミクロ経済学」を扱った古い古典派の原理からその関連性と妥当性の多くを奪ったパラドックスも、いまやその効力を失う。要するに、所得決定の近代分析をものにすれば、基礎的な古典派の価格付け原理の正しさも、ほんものとして確認されるのであって、経済学者はいまや、ミクロ経済学とマクロ経済学との大きな溝は埋められた、と言うことができるのである。

このアイデアは、まもなく学界の主流派となり、少なくとも1970年代の前半まではその地位を保持したと言ってもよいと思う。誤解を恐れずに言えば、ある世代までは、サムエルソンこそが経済学そのものだったのだ。(7)

サムエルソンは、長年MITの教授職にあったが、彼がその大学で教え始めた1940年代は、経済学はその大学ではごくマイナーな学問に過ぎなかった。だが、サムエルソンを中心に次第に一流のスタッフが揃うようになり、瞬く間に全米でもトップクラスの経済学部門に成長した。ノーベル経済学賞を受賞した経済学者も、一人や二人ではない。言うまでもなく、MIT経済学部門の現在があるのはサムエルソンのおかげである。

注

（1）Frank Hahn, "John Hicks The Theorist", *Economic Journal*, 100（June 1990）, p. 539.
（2）都留重人『近代経済学の群像』（現代教養文庫、1993年）240ページ。
（3）ポール・A・サミュエルソン『経済分析の基礎（増補版）』佐藤隆三訳（勁草書房、1986年）3ページ。ただし、傍点は外してある。
（4）根井雅弘編『現代経済思想』（ミネルヴァ書房、2011年）所収の「サムエルソン」（中村隆之氏執筆）を参照。
（5）Robert M. Solow, "Paul A. Samuelson（1915-2009）", *Science*, vol. 327（15 January 2010）, p. 282.
（6）ポール・A・サムエルソン『経済学（第6版）』都留重人訳（岩波書店、1966年）上巻、500ページ。
（7）拙著『サムエルソン「経済学」の時代』（中公選書、2012年）参照。

ジョーン・ロビンソン

第二次世界大戦後、経済学の中心はアメリカに移り、右で取り上げたようなサムエルソンに代表される新古典派総合の経済学が長いあいだ支配的だったが、そのサムエルソンを批判し続けたのが、イギリスのケンブリッジ大学でケインズの教えを受けた女性経済学者ジョーン・ロビンソンである。彼女は何度もノーベル経済学賞の候補になったが、あまりに左派的な言動が災いしてその栄冠に輝くことはなかった。しかし、みずから「左派ケインジアン」を名乗り、ノーベル賞級の学者たちを相手に進んで論争を挑んだ彼女にとって、「ノーベル」の権威はどうでもよいことだったに違いない(1)。

ケインズ自身の経済思想や経済政策は、本人が言っているように、「適度に保守的(2)」なものだったが、愛弟子のジョーン・ロビンソンは、ある時期から大きく左に振れるようになった。ポーランド出身でケインズの『一般理論』よりも数年前に「有効需要の原理」を発見していたミハウ・カレツキや、イタリア出身でケインズの招きでケンブリッジにやってきたピエロ・スラッファなどの影響などが指摘されるが、きっかけが何であれ、彼女がケインズの愛弟子のなかで最も真剣にマルクスを読んだ経済学者であったことは事実である。

だが、当時のケンブリッジで経済学を学んだ人たちと同様に、彼女もアルフレッド・マーシャルの『経済学原理』を読むことから研究をスタートさせた。マーシャル経済学は、少なくともアングロサクソン圏では「正統派」としての確固たる地位を占めていた。彼女はマーシャル経済学を完璧に修得したが、その欠陥にもすぐに気づいた。例えば、マーシャルは、完全競争を仮定した場合の「需要と供給の均衡」理論は明確に提示していたが、不完全競争の場合にどうなるかについては、ところどころにヒントや示唆があるのみで、明確な理論化には成功していなかった。

そこで、彼女の初期の仕事は、スラッファの問題提起（「競争的条件の下での収穫の法則」1926年）を受けて、「不完全競争の理論」を明確に定式化することに向かった。その成果は、『不完全競争の経済学』（1933年）として現れたが、この本は、アメリカの経済学者E・H・チェンバリンの『独占的競争の理論』（1933年）とともに、現代経済学の古典と言ってもよい（二つの本が同じ年に出版されているのは全くの偶然である）。現代経済学の入門書をひもとくと、完全競争論のあとに不完全競争論が出てくるが、そこで解説されている内容は、ジョーン・ロビンソンが『不完全競争の経済学』のなかで図式化したことと基本的に同じである（例えば、「限界収入」と「限界費用」の均等命題や、過剰能力を伴った均衡など）。だが、限界原理の適用にみられるように、新古典派の枠組みそのものが否定されているわけではない。それゆえ、G・C・ハーコートは、この時期の彼女のことを「批判的マーシャリアン」と呼んでいる(3)。

しかし、彼女はまもなくケインズのインナー・サークルの一員として、『一般理論』の形成に深く関与することになった。ジョーン・ロビンソンやリチャード・カーンなどのケインズの愛弟子たちの貢献については、現在では多くの文献があるが、彼女自身は後々までケインズ革命の形成に直接かかわったことを自負しており、サムエルソンやアルヴィン・ハンセンなどのアメリカのケインジアンは「革命」の核心を理解していないという批判を展開するようになる。

サムエルソンやハンセンが教科書で用いた45度線モデルやIS／LMモデルは、ケインズ経済学を「均衡」の枠組みで解釈したものである（IS／LMそのものは、ヒックスが考案したものだが、サムエルソンやハンセンなどの努力がなければ、世界的に普及することはなかったかもしれない）。これらのモデルは、難解な『一般理論』を簡潔にモデル化し、誰にも理解できるようにしたという意味で功績は大なのだが、当然ながら、モデル化できなかった要素もある。ジョーン・ロビンソンは、そのモデル化できなかった要素のなかでも「不確実性の論理」を最も重視し、独自のケインズ解釈を提示した。

彼女によれば、「理論の局面においては、革命は、均衡概念から歴史概念への変化に横たわっている。すなわち、合理的選択の原理から推測や慣行に基づく決意の問題への変化である」という。(4) 計算可能なリスクとは区別された「不確実性」（「信頼できる情報の欠如」）を重視するとは、現在が取り返しのできない過去と未知の将来の狭間にあるという「歴史的時間」の本質を捉えるということだが、そのような経済には、「合理的選択の原理」(「均衡分析」といってもよい)は適用できず、「推測や慣行に基づく決意の問題」を考察しなければならない。ケインズの投資決定論や流動性選好論などは「不確実性」を措いてはあり得ないものだが、アメリカのケインジアンたちは、モデル化に適さない「不確実性」を捨象し、ケインズ経済学を均衡分析の枠組みで理解しようとした。ジョーン・ロビンソンは、このような革命の「歪曲」に激しく反発した。(5)

歴史が取り返しのきかない過去から未知の将来へと一方的に進行する経済のなかに経済が存在するということをひとたび認めるならば、空間をあちこち振動する振子についての機械的な類推に基礎を置く均衡概念は支持できなくなる。伝統的な経済学の全体が、新しく考え直される必要がある。

サムエルソンのような主流派とは隔たりのある独自のケインズ解釈が「標準」となることはなかったが、彼女のその後の活動(「資本」概念をめぐる論争、スラッファのライフワーク『商品による商品の生産』（1960年）の側に立つ一般均衡論批判、アメリカのケインズ主義批判など）に影響を受けた経済学者は少数ながらアメリカにもおり、イギリスにおける同調者とともに、のちに「ポスト・ケインズ経済学」の旗揚げに尽力することになる。

「ポスト・ケインジアン」は、サムエルソンの新古典派総合に同調せず、ケインズ経済学を新古典派経済学から切り離し、「未完」に終わったケインズ革命を進めようとする人たちを指している。だが、残念ながら、彼らはそれぞれがいろいろな理論や思想（例えば、ジョーン・ロビンソンであったり、スラッファであったり、カレツキであったりというように）から影響を受けており、主流派批判では一致しても、共通の分析的枠組みをもっていたわけではない。決して一枚岩ではない経済理論が主流派に代替するほどの勢力をもてなかった理由はここにあるだろう。もちろん、現在でもポスト・ケインジアンを名乗る優れた経済学者はいるが、主流派ではない点は以前と同じである。

晩年のジョーン・ロビンソンが左傾化したことは前に触れたが、1971年12月に開かれたアメリカ経済学会での講演「経済学の第二の危機」がこの頃の立場をうまく表現しているように思われる。(6) 経済学の「第一の危機」は、1930年代の世界的な大不況時に起こったが、これは「雇用の理論」を提示したケインズの『一般理論』によって一応の解決をみた。

だが、現在は、「何のための雇用か」を問うべきときであり、ケインズを超えて「雇用の内容」を吟味しなければならない。例えば、雇用水準が「軍事化されたケインズ主義」によって維持されていたとしても、国民の真の福祉は少しも向上しない。経済学者がこの問題に真剣に取り組もうとしない限り、「経済学の第二の危機」は続くというのである。この問題は、いまだに解決しているとは言い難い。

彼女の戦後の代表作としては『資本蓄積論』（1956年）を挙げるべきだろうが、この本は、優れた洞察がところどころに散りばめられているにもかかわらず、独特の難解さが災いして学問的には成功作とはならなかった。『資本蓄積論』という書名は、マルクス主義の理論家・運動家で非業の死を遂げた女性ローザ・ルクセンブルクを想起させるが、同じく女性で左派ケインジアンであったジョーン・ロビンソンも、もしかしたら、タイトルをつけるときにローザを意識していたかもしれない。

ジョーン・ロビンソンが亡くなって30年以上が経過したが、いまやケンブリッジ大学には彼女のようなカリスマ性をもった経済学者がいなくなってしまった。ケインズの愛弟子として「革命」の先頭に立った彼女は、戦後経済学の中心が完全にアメリカに移ってしまったことをどこかで寂しく感じていたのかもしれない。

注

（1）何度も指摘したが、「ノーベル経済学賞」は俗称に過ぎない。拙著『物語　現代経済学』（中公新書、2006年）を参照のこと。
（2）J・M・ケインズ『雇用・利子および貨幣の一般理論』塩野谷祐一訳（東洋経済新報社、1983年）380ページ。
（3）G. C. Harcourt, "Joan Robinson 1903-1983", *Economic Journal*, vol. 105 (September 1995), p. 1229.
（4）ジョーン・ロビンソン『資本理論とケインズ経済学』山田克巳訳（日本経済評論社、1988年）56ページ。引用は「ケインズ革命はどうなったか」（1973年）から。
（5）前同、58ページ。
（6）前同、301-319ページ参照。

ロイ・ハロッド

ロイ・ハロッドは、ケインズの最初の伝記を書いた愛弟子で、経済学の分野での業績では何よりも経済動学の開拓者として有名である。だが、同じ愛弟子でも、ケンブリッジ内部のジョーン・ロビンソンやリチャード・カーンなどとは違っている。ハロッドは、もともとオックスフォード大学ニュー・カレッジで歴史を学んだが、紹介状をもってケインズに会ったのは、二年間の大陸留学が許されたので、ケインズに留学先の相談をするためだった。ところが、ケインズは、ハロッドに対して、大陸に渡るよりは、自分のところで経済学を学んだほうがよいとアドバイスした。ハロッドは、ケインズの講義やポリティカル・エコノミー・クラブなどに出席する傍ら、毎週ケインズに論文を提出したというから、彼がケインズの「愛弟子」として認められたのは、この時点からと言えるだろう。ケインズもハロッドの才能を評価し、のちには『一般理論』の草稿をみせて意見を聞くようになるが、ケインズの愛弟子の一部がジョーン・ロビンソンのように左傾化したのと違って、ハロッドは政治的には「中庸」の立場を堅持した。

だが、「内弟子」ではなかったからといって、ハロッドのケインズ理解が他よりも劣っていたとは思えない。『一般理論』の草稿を読んだ彼は、早速ケインズ宛の手紙（1935年8月30日付）のなかで、その革命的な書の内容を次のようにとらえている。(1)

あなたの見解は、私の理解するところ、大まかにいえば、次のようになります。投資の量は、［資本の限界効率表　利子率］によって決定される。利子率は、［流動性選好表貨幣量」によって決定される。雇用の量は、「投資の量　乗数」によって決定される。
乗数の値は、「貯蓄性向」によって決定される。

的確な理解である。だが、ハロッドは、『一般理論』のなかで一つだけどうしても承服できない点があった。それは、ケインズの流動性選好説が古典派の利子論（貯蓄と投資による利子率の決定理論）を無用にするというケインズの主張である。ハロッドは、次のように考えた。――古典派の利子論は、需給均衡分析を金融市場に適用したものだが、他の事情を一定とした需給均衡分析は、投資の変化によって所得も変化するので、利子率決定理論には適用できない。だが、もし完全雇用が達成されて、所得が変化しなくなったらば、古典派の利子論が復活するだろう。ケインズの流動性選好説は、完全雇用が実現していない場合に成り立つ理論であると。

『一般理論』形成史の研究をみると、ケインズは、このようなハロッドの異議申し立てを却下したが、二人の「論争」の結果、『一般理論』のなかにハロッドによって示唆された図が採り入れられることになった(2)。ケインズがこの図を入れた「真意」をめぐって、のちのケインズ研究者たちの意見は分かれるが（ケインズはハロッドに「譲歩」したのか否か？）、伊東光晴氏は、ケインズはあくまで利子率は貯蓄とは無関係であるという立場を堅持したのだとハロッドへの譲歩説を否定している。(3)

ハロッドは、ケインズ体系における流動性選好説の意義を決して否定しなかった。だが、完全雇用に達してから貯蓄が何らかの重要な割を演じるという見解に固執したのは、彼が「マクロ静学」を超えて「マクロ動学」を目指していたからだろう。――ケインズの『一般理論』は、「短期の想定」（資本設備・技術・人口が所与ということ）を置いていたという意味で、いまだにマクロ静学にとどまっている。自分は、短期の想定を外し、資本蓄積や技術変化や人口変化を組み込んだマクロ動学のモデルをつくるのだと。

ハロッドの動学モデルは、早くも「動学理論に関する試論」（1939年）と題する論文において提示されているが、それを大幅に拡充したのが、『動態経済学序説』（1948年）や『経済動学』（1973年）である。だが、核心部分に変化はない。それは、「保証成長率」（産出量の需給が一致し、投資が企業家にとって適切な水準にあるような成長率）と彼が呼んだ動学的均衡が極めて不安定であり、現実の成長率がそこから乖離するとますますそこから乖離していくという「不安定性原理」を提示したことである。(4)

私には、制御や干渉のない自由放任資本主義における「保証」均衡成長率が不安定であるという理論の基礎は、確固たるものであるという自信がある。そしてそれが景気循環の基本的な説明であると堅く信じている。

もちろん、「保証成長率」はある時点における資本係数や貯蓄性向を一定とおいているために、「不安定性原理」も、のちにそれらの変化を考慮したモデルを提示した経済学者たちの批判にさらされることになるが（資本係数の変化に注目したロバート・ソローの新古典派成長理論、貯蓄性向の変化に注目したニコラス・カルドアのモデル）、経済動学の開拓者がハロッドであったという事実は変わらない。

ハロッドは、『確率論』（１９２１年）を書いた哲学者としてのケインズのように、『帰納法論理の基礎』（１９５６年）の著者として、単なる経済学者の枠にとどまらない幅広い教養の持ち主であることを証明した。ハロッドの経済動学ばかりでなく思想や哲学にまで踏み込んだ研究としては、中村隆之氏（青山学院大学准教授）の『ハロッドの思想と動態経済学』（日本評論社、２００８年）が優れているが、残念なことに、『帰納法論理の基礎』は経済学者にほとんど読まれていない上に、哲学者からも快く迎えられてこなかった。その辺の事情については、中村氏の著書を参照してほしいが、ひとつだけ言えるのは、帰納法論理を扱った研究などは数学的に明快なモデルで提示することができないので、経済学者には受け容れられなかったということである。この関連では、ケインズもハロッドも、経済理論の過度の数理化を警戒していた共通点があることが興味深い。

ハロッドの晩年の逸品に『社会学・道徳・神秘』（1971年）という小さいが含蓄のある本があるが（日本語版のタイトルは、『社会科学とは何か』となっている。清水幾太郎訳、岩波新書）、ここでも、ハロッドは経済学の枠を超えて、「社会関係」に対する理解を深めるにはどうすればよいかという問題を取り上げている。

「経済的要因」だけを論じる限り、「市場」が中心になるだろうが、「非経済的要因」も含めると、それほど単純にはいかなくなる。ハロッドによれば、「社会関係」に対する理解は「感情」を離れてはあり得ないが、その「感情」の性質を理解するには、優れた文学作品を読まなければならないという。「作家たちは、感情というものに、即ち、社会関係に重要な役割を果たす感情に特別の関心を持っています。時として、彼らは、神秘そのものの一端にさえ触れているのです(5)」と。

ここまでくると、私たちは、「経済学者ハロッド」というイメージが彼の実像から大きく離れていることに改めて気づく。ハロッドは、経済学者が「社会関係」の分析に進むには、他の社会科学における仕事にも目配りするなど、謙虚な態度が必要だと考えていたが、ところが、現実には、経済学界で大きな影響力をふるったのは、経済学の思考法をすべての社会現象に適用しようとする「経済学帝国主義」のモデルだった。

ハロッドが戦前の革新的な仕事に比肩しうるようなものを戦後に成し遂げなかったと辛く評価する向きもあるが、それは「経済学」に限定したならばの話で、『帰納法論理の基礎』以降の「社会科学者ハロッド」を過小評価しているのではないだろうか。それとは反対に、社会学者の清水幾太郎氏がハロッドを高く評価していたのが興味深い（詳しくは、『倫理学ノート』講談社学術文庫、２０００年を参照のこと）。

注

（１）*The Collected Writings of John Maynard Keynes*, vol. 13, 1973, p. 553.

（２）浅野栄一『『一般理論』形成史』（日本評論社、１９８７年）１６７－１６９ページ参照。

（３）関心のある方は、伊東光晴『現代に生きるケインズ』（岩波新書、２００６年）を参照のこと。

（４）R・F・ハロッド『経済動学』宮崎義一訳（丸善、１９７６年）69ページ。ウォルター・エルティスの論文も参考になるだろう。Walter Eltis, “Roy Harrod and the Keynesian revolution: his newly

published correspondence", *European Journal of the History of Economic Thought*, June 2005.
（5） ロイ・ハロッド『社会科学とは何か』清水幾太郎訳（岩波新書、1975年）96ページ。

ピエロ・スラッファ

イタリア出身で、その後イギリスで長く研究生活を送ったピエロ・スラッファは、不思議な魅力のある経済学者である。彼はケインズに才能を見出されてケンブリッジ大学へ招聘されることになるが、その時点で経済理論に関する論文といえば、「生産費用と生産量の関係について」（1925年）と「競争的条件の下での収穫の法則」（1926年）の二つしかなかった。(1)だが、イギリスで圧倒的な権威をもっていたマーシャル経済学の欠陥を突いた二つの論文は、リチャード・カーンやジョーン・ロビンソンのようなケインズの愛弟子を初めとするケンブリッジの経済学者たちばかりでなく、学界全体にも大きな衝撃を与えた。

英語で書かれた1926年の論文は、英語圏の読者を考慮して、前年のイタリア語の論文を簡潔に要約することから始まっている。1925年の論文は、かいつまんでいえば、競争市場を仮定したマーシャルの部分均衡分析の枠組みと両立するのは「費用不変」（個々の商品の生産量が変化しても生産費が一定にとどまる。「収穫一定」といっても同じである）の場合のみであることを論証したものである。ところが、1926年の論文は、あるところで、それを超えて、「費用逓減」（「収穫逓増」）の現象を競争分析ではなく独占分析によって解明する方向を示唆していた。この方向は、必ずしもスラッファの本意ではなかったが、ケンブリッジで不完全競争論の定式化に向かった経済学者は、ほとんどすべてといってよいくらい、スラッファの示唆に影響を受けていた。カーンもジョーン・ロビンソンもそうである。

もう少し説明を加えよう。(2) マーシャルは、経済の現実を重視したひとだけに、当時から「大規模生産の経済」（「費用逓減」または「収穫逓増」）が製造業において支配的になっている事実に気づいていた。だが、もしその現象を「内部経済」（個々の企業内の資源・組織・経営の能率から生じる生産費の減少）によって説明しようとすると、他の企業よりも早くそれを実現した企業がついにはその産業を独占してしまうので、競争的価値論の枠組みが崩壊する。それゆえ、マーシャルは、費用逓減や収穫逓増が主に「外部経済」（「産業の一般的発展」によってその産業内の個々の企業の生産費が減少すること）によって生じると処理することで競争的価値論の枠組みを守ろうとした。

だが、スラッファの鋭利な批判は、そのような「妥協」を直撃する。外部経済の利益は、例えば交通・運輸手段の発達のように、ある特定の産業ばかりでなく、関連のすべての産業に及ぶだろう。それゆえ、例えば鉄産業を他の諸産業から孤立させ、もっぱら鉄産業のみに外部経済の利益が行き渡るように考えて、鉄産業の供給曲線を右下がりに描くのは、部分均衡の枠組みと矛盾しているのだ。

スラッファが不完全競争論の方向を示唆するのは、ここからである。マーシャルによれば、内部経済に基づく費用逓減は競争市場と両立しなかった。だが、経験によれば、企業の大部分は「個別的な」費用逓減の下で動いている。それにもかかわらず、完全独占のような状況は、決して一般的ではない。それゆえ、スラッファは、個々の企業が生産量を増加させるときに遭遇する主な障壁は、生産費用ではなく、価格の引き下げや販売費用の増加によらなければより多くの商品を売りさばくことができないという事実にあるのだと考えた。ここから、不完全競争論につながる「右下がりの（個別的）需要曲線」というアイデアが生まれた。ジョーン・ロビンソンの『不完全競争の経済学』は、この示唆に基づいて不完全競争論をひとつの「完成品」に仕上げた古典であった。

だが、スラッファ自身は、不完全競争論の展開に関わることはなかった。彼は何をしていたのか。実は、彼は、１９２０年代後半から30年余りのちに出版されることになる『商品による商品の生産』（１９６０年）の構想について思索し続けていたのである。

『商品による商品の生産』は、一言でいえば、「価値と分配」の問題に生産の側からアプローチする「古典派」（とくに、リカードやマルクス）の方法の復権を意図しているが、ここで「古典派」という言葉は、セーの法則を容認しているというケインズの意味でのそれとは明確に異なる。『商品による商品の生産』のスラッファは、日々の需給状況によって絶えず変動する「市場価格」ではなく、リカードが「自然価格」、マルクスが「生産価格」と呼んだものに関心をもっている。すなわち、経済体系内の一時的・偶然的諸力ではなく、持続的諸力によって決まる「価格」を考察の対象にしているのである。彼が単に「価格」という場合は、この意味での価格であることに注意しなければならない。

『商品による商品の生産』において提示されたモデルを限られたスペースで解説することは不可能である(3)。その基本モデルの要点だけまとめると、次のようになるだろうか。――価格は、経済体系の不変の再生産を維持するために必要な投入・産出構造（スラッファの言葉では、「生産方法」）によって決まり、需要は何の役割も演じない。しかも、体系は「自由度１」であり、利潤率か賃金率が外部から与えられなければモデルを閉じることはできない。

スラッファ自身は、利潤率を外部から与える方法を示唆しているが、具体的な理由を述べているわけではない。ただ、利潤率が「生産の体系の外部から、とくに貨幣利子率の水準によって、決定されることが可能である」[4]という一文があるのみである。

この一文の解釈は決してやさしくない。最も素直なのは、モーリス・ドッブに倣って[5]、貨幣利子率の水準は何らかの政治的または制度的な意思決定のメカニズムによって決まるが、その水準以下の利潤率では企業が長期的に存続できなくなるという意味で最低の利潤率を画するに違いないという解釈だろう。だが、「自由度1」をめぐっては、いまだに見解の一致をみていない[6]。おそらく、スラッファは、モデルを閉じる方法よりも、利潤率と賃金率の関係のような分配問題が歴史相対的な性格をもっており、「一般理論」によっては解けないことを示唆したかったのではないだろうか。

『商品による商品の生産』という小さな本は、厳密な論理をひたすら追究しようとしたスラッファの端正な文章によって書かれている。だが、スラッファと直に交流のあったひとの回想に出てくるスラッファの人柄は、ときに極めて「情熱的」なものである。彼は、祖国イタリアのアントニオ・グラムシ（マルクス主義の革命家・理論家）を獄中死に至るまで支援し続けたひとであり、また哲学者L・ヴィトゲンシュタインの前期から後期への思想の変化に重要な示唆を与えたひとであった。[7]このような経済学者は、現代では極めて希少になったが、一見全く関係ないようでも、インド出身の経済学者で初めてノーベル経済学賞を受賞したアマルティア・センをも魅了している不思議なひとである。[8]

注

（1）１９２５年の論文はイタリア語で、１９２６年の論文は英語で書かれている。後者は、ケインズが編集長をつとめていた、世界的な学術誌『エコノミック・ジャーナル』に掲載されたが、ケインズにスラッファを推したのは、イタリア語の論文を読んでいたF・Y・エッジワースであったという。二つの論文の翻訳は、『経済学における古典と近代』菱山泉・田口芳弘訳（有斐閣、１９５６年）に収められている。

（2）菱山泉「不完全競争の理論」（杉原四郎・鶴田満彦・菱山泉・松浦保編『限界革命の経済思想』有斐閣新書、１９７７年）１７１－１７３ページ参照。

（3）スラッファ経済学入門としては、いまだに、菱山泉『ケネーからスラッファへ』（名古屋大学出版会、１９９０年）を超えるものはない。

（4）ピエロ・スラッファ『商品による商品の生産』菱山泉・山下博訳（有斐閣、１９６２年）57ページ。

（5）モーリス・ドッブ『価値と分配の理論』岸本重陳訳（新評論、１９７６年）３１２ページ。

（6）Luigi L. Pasinetti, "Sraffa on income distribution", *Cambridge Journal of Economics*, vol. 12, 1988, pp. 135–138.

（7）詳しくは、菱山泉『スラッファ経済学の現代的評価』（京都大学学術出版会、1993年）を参照のこと。

（8）Amartya Sen, "Sraffa, Wittgenstein, and Gramsci", *Journal of Economic Literature*, December 2003, pp. 1240-1255.

ジョン・ケネス・ガルブレイス

ガルブレイスの名前は、私たちの世代よりも上のビジネスマンにとっては、日本で大ベストセラーになった『不確実性の時代』（1977年、日本語版は都留重人監訳にてTBSブリタニカより1978年に刊行された）、そして経済学の専門家にはアメリカ制度学派の流れをくむ名著『ゆたかな社会』（1958年）や『新しい産業国家』（1967年）などの著書によって知られているだろう。『不確実性の時代』は、ガルブレイス流の経済思想史の本なので、日本で50万部以上も売れた理由はよくわからない。当時はまだ「ベルリンの壁」があり、旧ソ連を中心とする社会主義経済の矛盾がまさに噴出する直前に当たっていたが、そのような時代と魅力的なタイトルが絶妙にマッチしたからだろうか。(1)それはともかく、独特の名文で正統派経済学の欠陥を突くガルブレイスの本はよく売れたので、学界の人たちにあまりよく思われなかったことは確かである。有名な文章だが、サムエルソンはこんなことを言ったものである。(2)

学界に身を置くものの多くは、文章がうま過ぎることは一種の犯罪――重罪ではないまでも非行――であると考える。つまり名文でもって、自分の考えの重要性をその真正の価値以上にふくらませてしまうというわけだ。この考え方からすると、ガルブレイスは自動的に嫌疑をかけられることになる。読者数が多すぎるような人は、したがって軽薄であるはずだと言われる!

ただ、ガルブレイスは元から名文家だったわけではなく、「象牙の塔」に閉じ籠らず、雑誌『フォーチュン』のライター兼編集者のようなジャーナリズムの仕事をこなしながら文章に磨きをかけたことが知られている。(3)

さて、ガルブレイスの名著として第一に挙げるべきは、やはり『ゆたかな社会』だろう。(4)というのは、この本が、正統派(「新古典派」と言い換えてもよい)の「通念」となっている「消費者主権」と「社会的バランス」への懐疑を表明したという意味で、ガルブレイスの「異端派」としての立場を確立させた現代の古典だからである。

「消費者主権」は、どんな経済学教科書にも載っているほど基本的な概念だが、かいつまんで言えば、企業の生産活動を究極的に規定するのは消費者の選好や選択だということである。ところが、現実には、現代の企業は宣伝や販売術などを駆使して消費者の欲望を積極的に創り出しており、「自立的に決定された消費欲望」という正統派の概念は支持しがたい。造語の得意なガルブレイスは、「消費欲望を満足させる過程自体によって消費欲望がつくり出される」ことを「依存効果」と名づけた。「依存効果」が現代資本主義の民間部門に強力に作用していることは言うまでもない。

だが、「依存効果」が民間部門に強力に作用するとは、その反面、公的部門への資源配分が蔑ろにされることでもある。ガルブレイスは次のように言う。(5)

広告はもっぱら、見栄は主として、私的に生産される財貨とサービスに対して有利に作用する。需要管理と見栄の効果とが私的生産にとって有利なはたらきをするので、公共的サービスは本質的におくれをとる傾向がある。自動車に対する需要は高い費用をかけて合成されるので、そうした影響力のおよばない公園、公衆衛生、さらには道路でさえも、自動車ほどには所得をまきあげる力がないのは当然である。今や最高の発展段階に達したマスコミの力は、社会の耳目をより多くのビールに向けるけれども、より多くの学校には向けない。これでは両者の選択が平等ではありえないことは、通念でさえも争う余地がないであろう。

これが、いわゆる「社会的バランス」の欠如である。ガルブレイスがこの問題を指摘したのは半世紀以上も前だが、多くの先進国でいまだに十分に解決されているとは言えない。優れた問題提起であったと高く評価すべきだろう。

ガルブレイスの第二の名著は、洗練された完全競争モデルに胡坐《あぐら》をかいていた当時の正統派に抗して、「大企業王国」の「計画化」にメスを入れた『新しい産業国家』である。(6) ガルブレイスは、現代資本主義の一部（農業や鉱業など）に企業が市場に従属している部門（のちに「市場体制」と呼ばれた）が残っていることは否定しないが、より重要なのはおよそ千社の大企業が製品の供給のほぼ半分を占めているという現実のほうだと主張する（最初「産業体制」と呼ばれたが、のちに「市場体制」との対照を際立たせるために「計画化体制」と呼ばれるようになった)。ここにいう「計画化」とは、社会主義国の「経済計画」とは違って、大企業が市場の不確実性を乗り越えるために駆使する諸手段のことを指すが、具体的には、「管理価格」「消費者需要の操作」「内部金融化」などを思い浮かべるとよい。

そして、ガルブレイスは、このような意味での「計画化」の担い手が、かつてのように資本家でも経営者でもなく、大企業内部の専門家集団に移行したと主張する。「テクノストラクチュア」という造語の登場である。(7)

それは、集団による決定にたいして専門化した知識、才能あるいは経験を提供するすべての人々を包摂しているのだ。企業を指導する知性、すなわち企業の頭脳をなすのは、この広い範囲の集団であって、経営陣に含まれた小集団ではない。集団によるデシジョン・メーキングに参与するすべての人々、あるいはこれらの人々が形成する組織にたいしては、今までのところ名称が存在していないので、私はこの組織を「テクノストラクチュア」と呼ぶことを提案する。

「テクノストラクチュア」は、利潤最大化というよりは企業の安定成長を目標に定め、その目標をさらに国民経済全体の目標としても定着させるために社会全体の意識操作まで試みるようになるが、こうして大企業と国家が一体となった一つの管理社会が生まれる。それが、ガルブレイスのいう「新しい産業国家」である。

『新しい産業国家』をめぐっては、ガルブレイスと正統派の人々のあいだで激しい論争が展開されたが、ここでは、その詳細には立ち入らない。ただ、ガルブレイスの問題提起以後、正統派の内部でも、企業の内部組織の研究やゲーム理論を駆使した企業や産業組織の研究など、優美な完全競争モデル一辺倒から離れていく動きが生じた事実のみを指摘したい。

ガルブレイスは、優れたジャーナリストとしても通用する鋭い批評を書いたひとでもある。晩年の著作『悪意なき欺瞞』（2004年）では、(8)大企業の関心がいまや公的セクターにおける権力の掌握に向かうようになり、「名ばかりの民間企業」が国防総省の予算の決定にまで影響を及ぼすようになっている現状を厳しく批判した。「公的セクター」と「私的セクター」を明確に区別できるというのは「悪意なき欺瞞」であり、「軍産複合体」がそこから巨利を得ているというのである。当時はイラク戦争の直後ということもあり、時宜を得た問題提起だったと思う。ガルブレイスのようなリベラルな立場の批評家は、現代アメリカでは少数派になってしまったが、生前の彼を「メディア・タレント」として嫌っていたポール・

クルーグマンがリベラルな批評を書いているのは全く皮肉なことである（もちろん、クルーグマンの「経済分析」は、ガルブレイスの「文章経済学」とは全く異なるが(9)）。

注

（1）『不確実性の時代』は、私が解説を書いて講談社学術文庫（２００９年）にも収録されたが、期待されたほど売れず、品切れになってしまった。本が売れるタイミングをとらえるのは難しい。
（2）ポール・A・サムエルソン『経済学（第11版）』都留重人訳、下巻（岩波書店、１９８１年）９００－９０１ページ。
（3）詳しくは、拙著『ガルブレイス――制度的真実への挑戦』（丸善ライブラリー、１９９５年）を参照のこと。
（4）J・K・ガルブレイス『ゆたかな社会（第４版）』鈴木哲太郎訳（岩波書店、１９８５年）参照。
（5）前同、３０４ページ。
（6）J・K・ガルブレイス『新しい産業国家』都留重人監訳（河出書房新社、１９６８年）参照。
（7）前同、60－61ページ。
（8）日本語版は、『悪意なき欺瞞』佐和隆光訳（ダイヤモンド社、２００４年）参照。
（9）最近のガルブレイス研究の展望としては、以下の文献が参考になるだろう。
Stephen P. Dunn and Steven Pressman, "The Economic Contributions of John Kenneth Galbraith", *Review of Political Economy*, April 2005.

グンナー・ミュルダール

スウェーデンの経済学者グンナー・ミュルダールは、経済学研究の初期にはスウェーデン学派の創設者クヌート・ヴィクセルの流れをくむ経済理論家として将来を嘱望されていた。その頃の代表作『貨幣的均衡』（1939年）は、決して読みやすいとは言えないが、「事前」(ex ante)「事後」(ex post) の概念を用いて投資と貯蓄の関係に切り込んだ分析は、スウェーデン学派の後進やイギリスのジョン・ヒックスなどにも大きな影響を与えた。そのままいけば、当時の主流派である新古典派の経済学者として大成していた可能性は十分にある。だが、あるときから、ミュルダールは新古典派から制度学派への「転向」を歩み始めた。初期のミュルダールが制度学派に冷淡であっただけに、学者の転機がいつ生じるのかわからないという感を深くする。

「あるとき」とは、ミュルダールがカーネギー財団の委嘱によってアメリカの黒人問題を研究していた時期（1938年から43年）のことである。「正義・自由・機会の均等」を掲げるアメリカの信条と、黒人に対する差別という現実は矛盾しないのか。「経済的要因」のみを分析対象にしてきた新古典派は、このような矛盾する現実の前には無力であった。分析を進めるには、単に「経済的要因」ばかりでなく「非経済的要因」にも正当な配慮を払わなければならないが、(1)ミュルダールの研究成果は、のちに『アメリカのジレンマ』(1944年)と題して出版された。「経済的変数」と「非経済的変数」の相互依存関係の分析――この視点がミュルダールを新古典派から制度学派の方向へ導いていった。

制度学派に転じてからのミュルダールの仕事の核心には、のちにみる「循環的・累積的因果関係の原理」があるのだが(藤田菜々子氏の『ミュルダールの経済学――福祉国家から福祉世界へ』NTT出版、2010年は、最近のミュルダール研究の白眉である)、その前に、彼の経済学方法論の特徴に触れておかなければならない。

ミュルダールの方法論の特徴は、一言でいえば、「価値前提の明示」ということに尽きる。彼によれば、それぞれの研究者は意識的に自らの「価値前提」を選択するが、決して唯一無二のものではない。しかも、それは永遠に不変ではなく、事実観察とのフィードバックを通じてより優れたものに進化させなければならない。つまり、「価値前提」は、あくまで「仮説的な」性格をもつに過ぎないという。(2)

価値前提は明示的に述べられるべきであり、暗黙裡の想定として隠されてはならない。価値前提は、実体の価値評価に必要とされるに十分なほど、明確、かつ具体的に、事実に関する知識の形で述べられなければならない。それらは、事実のみに基づいているとか、「当然のこと」（nature of things）のみに基づいているとして先験的に自明のものとか一般的に有効であるとかいうことはできないので、目的意識的に（purposefully）選択されなければならない。このように、価値前提は、研究における意思選択的（volitional）な要素であるが、それはあらゆる目的的活動に必要とされるものなのである。それゆえ、意思の傾向が異なる可能性がある以上、価値前提は、仮説的な性格のものでしかない。

例えば、ミュルダールは、『福祉国家を超えて』（１９６０年）の「価値前提」として「自由・平等・博愛」——これこそまさしく近代民主主義の理念である——を掲げているのだが、西欧諸国が計画化によってある程度それを実現した「福祉国家」を創り上げてきた実績は評価するものの、各国の福祉政策は相変わらず「国民主義的」（nationalistic）で、国際間の平等をめざした世界的規模での福祉政策の作成という段階までには到達していない現実がある。

それゆえ、「価値前提」は現状分析で満足してはならず、現状批判にも利用されることになるのだ。

ミュルダールは、第二次世界大戦後、「国際的統合と国際的規模での分配の平等」という「価値前提」を明示し、先進国と低開発国のあいだの経済格差の問題に取り組むようになったが、現状は容易には改善しないどころか悪化さえしている。ミュルダールは、この問題は、「安定均衡」の概念に安住している新古典派によっては解明できず、ある段階から別の原理が必要だと主張するようになった。それが「循環的・累積的因果関係の原理」である。「累積」という言葉がヴィクセルの「累積過程」（「自然利子率」と「貨幣利子率」の乖離が物価水準の上方または下方への累積的運動を生じさせる）を想起させるかもしれないが、ミュルダールは、社会体系のなかにも、最初の変化と同一方向の累積的運動が生じていると考えた。

例えば、ミュルダールが『経済理論と低開発地域』（1957年）のなかで挙げた例では、黒人問題では、「白人の偏見」と黒人の「低い生活水準」という二つの要因がお互いに相互関連をもっている。すなわち、黒人の「低い生活水準」が「白人の偏見」に起因する一方で、黒人の「低い生活水準」が「白人の偏見」を助長しているというように。こうして、「白人の偏見」と黒人の「低い生活水準」は、お互いに他を惹き起こしながら不平等を累積的に拡大していく。

若い頃の「経済理論家ミュルダール」は、社会的現実のなかから「経済的要因」のみを取り出し、それらの相互作用の分析のみで事足りると考えていた。だが、長年、低開発国問題の研究に携わるうちに、ミュルダールは、この前提が開発問題に対していかに無力であるか痛感してきたのだろう。例えば、低開発国では、硬直的な制度や融通の利かない態度などの「非経済的要因」が発展を阻んできたという現実があった。それゆえ、「制度派経済学者ミュルダール」は、次のように主張するのである(3)。

実際、「経済的」な要因と「経済外的」な要因の間の区別は、論理の観点からすれば、無益で無意味な工夫であり、このような区別は、「意味ある」要因と「意味なき」要因、もしくは「意味多き」要因と「意味少なき」要因という区別によっておきかえるべきである。しかも、この後者の分割線はさまざまの問題について同一であると考えてはならない。

ところで、1974年、ミュルダールは、フリードリヒ・A・ハイエクとともにノーベル経済学賞の栄冠に輝いたが、当時は「福祉国家擁護」と「福祉国家反対」の二人が同時に受賞したことが話題になったものである。ところが、ミュルダールは、のちに自分がノーベル経済学賞を受賞したのは間違いであったと反省の弁を述べている。(4) そこにはどうも複雑な事情があったことがうかがえるが、憶測はできても真相はよくわからない。受賞理由には、「貨幣と経済変動における開拓者的業績、経済・社会制度的現象の相互依存関係の鋭い分析」とあったが、新古典派と制度学派の仕事を併記しているのが印象的である。だが、前者が支配的な経済学界では、「制度派経済学者ミュルダール」の評価は相対的に低かった。ミュルダール自身は、そのような評価に対して異議を申し立てているのだが……。(5)

私は、自分の研究生活の初めの10年間に行なった仕事に対して、ときに評価を受けるが、主流派経済学者の仲間に属さないと見なされていることを充分承知している。私は、社会学者であるとさえ言われている。経済学者がそう呼ぶとき、彼らはほめているのではない。もう一人の同じような考えをもつ反逆者であり、それに加えて、美しく力強い英語を書くガルブレイスは、ときにはもっと手荒く扱われ、彼の仲間からジャーナリストとして扱われることもある。しかし、われわれは、あくまでも経済学者であると主張する。

注

(1) カーネギー財団にとっても、ミュルダールの研究は一時代を画する偉業として記憶されているようである。*Carnegie Results*（Fall 2004）には、"The Lasting Legacy of *An American Dilemma*" と題する論文が掲載されている。

(2) G・ミュルダール『社会科学と価値判断』丸尾直美訳（竹内書店、1971年）101ページ。

(3) G・ミュルダール『経済理論と低開発地域』小原敬士訳（東洋経済新報社、1959年）10ページ。

(4) Gunnar Myrdal, "The Nobel Prize in Economics", *Challenge*, March-April 1977.

(5) G・ミュルダール『反主流の経済学』加藤寛・丸尾直美訳（ダイヤモンド社、1975年）17ページ。

F・A・ハイエク

10年ほど前、来日した中国系アメリカ人を囲む食事会の折、その方から「日本ではハイエクとケインズとではどちらのほうが人気があるのか」と尋ねられたことがある。唐突な質問なのでしばしためらったが、「ハイエクは最近若手を中心に研究者が増えたが、日本ではまだケインズの人気のほうが高いのではないか」と答えた。もちろん、私の個人的な意見であると付け加えたが、少なくとも「経済理論」に関する限り、ハイエクよりもケインズのほうが現代経済学に大きな影響を及ぼしたという意見は変わらない。ただし、狭い意味での経済学を超えて、古典的な自由主義の再生を追究した社会哲学者ハイエクの人気が、ベルリンの壁の崩壊以降、一段と高まったことは認めなければならない。

ハイエクは、戦前の学界では、もっぱらオーストリア学派の流れをくむ貨幣的景気循環論（代表作は『貨幣理論と景気循環』や『価格と生産』など）の論客として知られていた。ケインズの『貨幣論』（1930年）との比較検討を通じて「ケインズとハイエク」というテーマに取り組んでいた経済学者も少なくなかった。実際、ハイエクは、ケインズの『貨幣論』の批判論文を書いており、のちに珍しくスラッファが加わって論争を繰り広げたので、そのような問題意識は決して珍しくはなかったと思う(1)。ところが、ケインズ革命（『雇用・利子および貨幣の一般理論』1936年）が、学界の勢力図をすっかり変えた。ケインズの『一般理論』が学界の関心を独り占めする形となり、「経済学者ハイエク」は脇に追いやられてしまったのである。第二次世界大戦のあと、約四半世紀は「ケインズの時代」が続いたといっても過言ではない。

もちろん、その間、ハイエクがただ沈黙していたわけではない。大戦中に出版された『隷従への道』（1944年）はアメリカでは多くの読者を獲得したし、その延長線上に、古典的な自由主義の再生という観点からは最初の体系書ともいうべき『自由の条件』（1960年）の上梓があった。だが、ケインズが大不況を背景に書かれた『一般理論』の末尾で説いたように、「効率」と「自由」という個人主義の伝統的な価値を守るには、自由放任主義とは決別し、政府が総需要を適切に管理するという意味でのマイルドな「計画」を容認するという考え方が支配的だったので、ハイエクの社会哲学が広く受け容れられる余地はなかった。

状況が少し変わってきたのは、1960年代後半から先進諸国でインフレ問題が深刻になり、70年代前半にケインズ主義と結びついた福祉国家路線が財政的にも行き詰まりをみせ始めた頃からだろう。石油危機後のスタグフレーションにケインズ経済学が無力であったことも、ケインズとは違う経済思想や社会哲学への関心を呼び覚ます一因になった。ハイエクがミュルダールとともに1974年度のノーベル経済学賞を受賞したことも、その流れに拍車をかけたに違いない。その行き着く先が「ベルリンの壁の崩壊」であり、戦前から一貫して社会主義経済計画を自由主義の否定や全体主義につながるものとして批判し続けたハイエクが、一躍「時の人」となったのである。

復活したハイエクは、古典的自由主義の体系書『法と立法と自由』（全三巻、1973–79年）を改めて書下ろし、折に触れて、ケインズ主義批判や福祉国家批判など時事問題に関する論説も発表するようになったが、体系書を含めてハイエクの主要著作のほとんどは春秋社から出ているハイエク全集のなかに収録されているので、容易に日本語で読むことができる。「社会哲学者ハイエク」の全貌は、少ないページ数では語り切れないが、そのエッセンスは、幸いにも『市場・知識・自由』（田中真晴・田中秀夫編訳、ミネルヴァ書房、1986年）所収の論文のなかに表れている。その中でも、「真の個人主義と偽の個人主義」（1946年）と「社会における知識の利用」（1945年）の二つが重要である。

第一は、「個人主義」（ほぼ「自由主義」に近い意味で使われている）の流れを、「人間の諸事象にみられる大部分の秩序を諸個人の行為の予期せざる結果として説明する」18世紀イギリスの思想家たち（デイヴィッド・ヒュームやアダム・スミスなど）と、「発見できるすべての秩序が計画的な設計によるとする」大陸のデカルト学派とに区別していることである。[2] ハイエクによれば、前者は理性の限界を正しく認識しているが、後者は理性を過信し、あらゆる秩序を個人の理性によって「設計」できるという不遜な考えを抱き、「個人主義」から出発したにもかかわらず、ついには自由を否定する全体主義につながるという（ケインズ主義も経済の分野における「設計主義」のひとつとして捉えられる)。だが、前者は、秩序というものが長い時間をかけて「自生的」に形成されることを認識しているので、「伝統」や「習慣」に対しても謙虚に対峙する。個人の自由は、このような「自生的秩序」を蔑ろにする環境の中では生き残れないというのが、ハイエクの考えであった(3)。

真の個人主義の根本的な態度は、いかなる個人によっても設計されたり、理解されたりしたのではないのに、しかも個々人の知性を越えるまことに偉大な事物を人類が達成した諸過程に対する、謙遜の態度である。

第二は、中央経済計画当局が「合理的な経済秩序」を「設計」しようとするとき、「統計」の形で利用できる知識を根拠にせざるを得ないが、現代では、その「知識」のうち「科学的知識」のみが特権的な地位を占めており、「科学的」ではない、「時と場所のそれぞれ特殊的な情況についての知識」が蔑ろにされているということである。後者は経済活動が円滑におこなわれるには不可欠なものだが、ところが、「統計」の形で利用できにくいために、それが中央経済計画当局に伝達される可能性は小さい。ハイエクが「経済計画」に対して懐疑的な見解を持ち続けた根本の理由はここにある。ハイエクの知識論は、「社会における知識の利用」以後も彫琢を加えられるが、その論文にはすでにその方向性が出ていることに注意しなければならない(4)。

われわれは、自分では意味がわからない公式、記号、規則を絶えず利用し、それらの使用を通して、われわれ各自が所有しているのではない知識を利用する。われわれは、それぞれの領域でうまく行くことが証された慣習や制度を頼りにして、こうした常習的行為・制度を発展させてきたのであり、そしてそういう常習的行為や制度が、つぎには、われわれが作りあげた文明の基礎になったのである。

実は、拙著『20世紀をつくった経済学――シュンペーター、ハイエク、ケインズ』(ちくまプリマー新書、2011年)で述べたように、私はハイエクの仕事の中では知識論と競争論を高く評価しているのだが、若手研究者たちの論文を集めた読本(例えば、桂木隆夫編『ハイエクを読む』ナカニシヤ出版、2014年)を読むと、ハイエクの広範囲に及ぶ関心を反映して、社会科学方法論、心理学、進化論、法制論など、活発な研究が行われているようである。ベルリンの壁の崩壊のあと、「市場原理主義」のような極端な新自由主義が一時論壇を席巻し、その流行がハイエクの名前と一緒に語られることが少なくなかったが、ハイエクの思想は、ケインズのそれと同様に、もっと多面性をもっているのだ。ようやくハイエクの社会哲学を冷静に評価する時代が到来したのなら、それは喜ぶべき傾向というべきだろう。

注

（1）　ケインズ（またはスラッファ）とハイエクの論争については、多くの文献がある。例えば、浅野栄一『ケインズ「一般理論」形成史』（日本評論社、1987年）や、菱山泉『ケネーからスラッファへ』（名古屋大学出版会、1990年）などを参照のこと。

（2）　F・A・ハイエク『市場・知識・自由』田中真晴・田中秀夫編訳（ミネルヴァ書房、1986年）9ページ。

（3）　前同、40－41ページ。

（4）　前同、70ページ。

第II部

【時事】現在の世界を読む

ノーベル経済学者とメルケル首相

10月はノーベル賞の季節だが、ノーベル経済学賞（正式には「アルフレッド・ノーベル記念スウェーデン国立銀行経済学賞」という）の受賞者たちが三年に一度ドイツのリンダウというところでフォーラムを開いていることはあまり知られていないかもしれない。(1)２０１４年はドイツのメルケル首相が登場したので、欧米のマスコミにはよく取り上げられた。

ガルブレイスは、昔いまの主流派経済学は「自己満足」の学問に成り果てたと嘆いたものだが、最近のようにユーロ危機や経済低迷などのマイナス材料が揃うと、さすがのノーベル経済学者たちも現状にある種の危機感を抱いているらしい。ピーター・ダイヤモンド（ＭＩＴ教授、２０１０年度受賞者）は、スペインやイタリアで若者たちが景気低迷で職にありつけない状況が長期間続けば悲惨な結果をもたらすという立場にたって、もっと経済刺激策やインフラへの投資を増やすことが、ゆくゆくは成長につながり、債務の対ＧＤＰ比率を改善するだろうと主張したらしい。(2)

ダイヤモンド氏がＭＩＴで教えているのはミクロ経済学や公共経済学だから、(3)直接マクロの景気低迷の問題にはつながらない。しかし、そのような学者も、ヨーロッパの最近の経済危機には無関心ではいられないということだろう。

この問題で以前から発言してきたのは、ジョセフ・スティグリッツ教授（コロンビア大学教授、2001年度受賞者）だが、彼もヨーロッパの財政緊縮策がイタリア、フランス、さらにはドイツにまで悪影響を及ぼしていることを批判している。彼は、"disastrous failure"という言葉を使っているから、よほど腹に据えかねていると見える。(4)

ところで、メルケル首相がこのフォーラムに参加したのは初めてだそうだが、ドイツは一般には他のヨーロッパ諸国に財政緊縮策を課している「張本人」としてスティグリッツたちには評判よろしくなかった。そんな彼女でも、経済学はここ数年の危機に対してどうしてこうも無力だったのか、根本的な経済理論が間違っていたのかというような疑問を呈したという。(5)経済的な福祉の指標として、GDPに代わる新しいものが必要だとまで述べたと。メルケル首相がこんなことを言っているとは知らなかった。

スティグリッツがアメリカにおける不平等の問題を取り上げ、いまや「アメリカン・ドリーム」は終わったのだというのはお馴染の主張だが、リンダウでのフォーラムということもあって、ヨーロッパでも不平等の度合いは進んでいるのだと警告を与えているのが印象深い。

もちろん、現実の問題は複雑で、単純な解決策はないのがふつうである。ところが、なんとマーケット・デザインの研究で有名なアルヴィン・ロス（ハーヴァード・ビジネススクール教授、2012年度受賞者）が、経済学者は経済・社会問題に対してすべての解答を持っているわけではないことを素人は理解してほしいという趣旨の発言をしたという[6]。ノーベル経済学者にしては驚くべき率直さである。もっとも、経済学者でない人たちも薄々とそのことは感じているはずだが、逆にいえば、経済学が「社会科学の女王」として君臨してきた時代は完全に過去になってしまったということかもしれない。そのこと自体は、別に悲観すべきことではない。経済学だけで経済・社会問題が解決できると考えるのは驕慢の至りだろう。かつてジョン・ステュアート・ミルが言ったように、経済学だけを知っていてもよき経済学者になれない時代が再び到来したのなら、経済学者ももう少し謙虚になるだろう。

注

（1）http://www.dw.de/chancellor-merkel-challenges-nobel-economists/a-17868356

（2）http://www.telegraph.co.uk/finance/economics/11047107/Nobel-economists-say-policy-blunders-pushing-Europe-into-depression.html

(3) http://economics.mit.edu/faculty/pdiamond/courses
(4) 同上。
(5) http://www.dw.de/chancellor-merkel-challenges-nobel-economists/a-17868356
(6) 同上。

最近の経済学教育論争を考える

昨年末から今年にかけて、日本学術会議経済学委員会経済学分野の「参照基準」検討会が経済学の専門家の間で話題になった[1]。2013年11月11日に発表された参照基準は、簡単にいえば、アメリカの経済学教育に倣って「ミクロ経済学」「マクロ経済学」「統計学（計量経済学）」を中核にしようという提言だと言ってもよいと思うが、この参照基準に対しては、主流派以外の経済学会からただちにいろいろな反論が寄せられた。

『京都大学新聞』電子版（2013年12月16日）の記事によれば[2]、「この参照基準「原案」に対して、社会経済学に携わる教員を中心に、是正を求める声があがっている。「原案」では、現在経済学で主流である新古典派的アプローチが重視されており、社会経済学など非主流派の理論については、極めて記述が少ない。そのため、現在の内容が確定してしまえば、大学において多様な経済学の教育、研究が妨げられるのではないか、との懸念があるからだ」とある。それゆえ、公開シンポジウム（２０１３年12月４日）を経たあと数か月後に発表された参照基準の第二次修正（２０１４年２月14日）には、最初のものよりは多方面に配慮した表現に修正されていることがわかる。[3] しかし、「修正」されたとはいえ、経済学委員会が経済学教育の「標準的アプローチ」を導入したいという意図は変わっていないように思われた。結果的には、反発に配慮して、２０１４年８月末、具体的な科目名は明記しないことで決着したが（『日本経済新聞』２０１４年９月17日朝刊「経済教室」面、経済解説部・福士譲氏の解説参照）、この問題は多くの考えさせられる論点を含んでいる。

私は日頃「経済思想の多様性」を説いているので、「標準的アプローチ」に従わない経済学の存在を否定することにはもちろん賛成できない。ただし、誤解されないように急いで付言すると、「多様性」を説くことは、経済学部の学生たちが「標準的アプローチ」をしっかり学ぶ意義を否定することを決して意味していないのである。それどころか、「標準的アプローチ」を半端にしか身につけていないことは、非主流派経済学の健全な発展を阻害するとさえ思っている。これが私の基本的な立場だが、それを明確にした上で、では、海外の経済学教育の中にこの問題を考えるに当たって参考になる制度はないのかどうかについて話していきたいと思う。

この問題をめぐる論争が起こったとき、私の脳裏に浮かんだのは、英国のオックスフォード大学のＰＰＥと呼ばれるコースだった。(4)ＰＰＥとは、Philosophy（哲学）、Politics（政治学）、Economics（経済学）の三つの学問を学ぶコースだが、１９２０年代に導入されて以来、今日まで続いている有名なコースである。著名な経済学者では、初期にジョン・ヒックスが出ている。

もともとは、古典語を中心とする教育が社会問題への関心を軽視しているという反省から出来たコースだが、以後、このコースを出た人たちは英国の政界、官界、マスコミ界など幅広い分野に逸材を送り出して来た。歴代の首相の中では、ハロルド・ウィルソン（労働党）、エドワード・ヒース（保守党）、現首相のデイヴィッド・キャメロン（保守党）も労働党党首のエド・ミリバンドもこのコースの卒業生である。なかには、このコースを「権力へのパスポート」のようにいう人もいるようである。(5)

しかし、政界の話をするのが私の話の主眼ではないので、ＰＰＥでどのような科目が教えられているかに移りたいと思う。結論から先に言うと、このコースはとても魅力的ではあるものの、ただちにそれを日本に導入するのはほとんど不可能だろうということである。

三年間のうち、一年目は哲学、政治学、経済学を等しい割合で学ぶ。哲学には「一般哲学」「道徳哲学」「基礎的論理学」、政治学には「民主主義国家の理論」「英国、フランス、ドイツ、アメリカ合衆国における民主的制度の分析」、経済学には「ミクロ経済学」「マクロ経済学」「経済学で使われる数学的テクニック」の科目が配されている。日本の大学でいえば、文学部哲学科、法学部、経済学部で学ぶような科目が三つ均等に配されていることになるが、この段階でこの三つの分野に等しく関心のある学生が日本の大学生にいるだろうかという疑問が浮かぶ。もちろん、ごく少数いる可能性はあるが、「少数」ではコースの「制度化」まではできない。

二年目と三年目は、引き続き三つの学問を均等に学ぶか、そのうちの二つに絞るかという選択肢が与えられるが、どの科目も専門性が高まる。哲学では、倫理学、現代哲学、プラトン、アリストテレスなどから科目を選ぶ。政治学では、比較政治、英国政治史、政治理論、国際関係論、政治社会学から二科目を選択、そして経済学では、ミクロ経済学、マクロ経済学、数量経済学が配されている。パブリック・スクールで古典語を学んだ優秀な学生は、プラトンやアリストテレスをギリシャ語で読めるかもしれない。さらに、英国を中心にした政治史や政治理論などを学ぶのもある程度可能だろう。しかし、その上に数学や統計学を駆使する現代経済学を学ぶのは、ややハードルが高いのではないか。経済学を避けるつもりなら、哲学と政治学に特化するだろう。

このコースは競争率が高いので、相当に優秀な学生が入ってくるのであろう。1920年代から曲がりなりにも続いているのだから、大きな成果を上げたと評価してもよいと思う。もちろん、英国にも、このようなコースの問題点を指摘する人たちはいる。例えば、経済学に特化したい学生にとっては、ミクロ、マクロ、計量以外の応用経済学の科目をもっと学びたいはずだが、その時間は哲学か政治学に割かねばならない。哲学をもっと深く学びたい学生なら、現代経済学よりは、もっと英国やヨーロッパ大陸の哲学や思想を深く知りたいと思っても不思議ではない。しかし、このようなコースが長年続いているのである。英国の教育の「懐の深さ」は恐るべし、というべきだろうか。

PPEはオックスフォードの有名なコースだが、現代経済学に限っていうと、いまの経済理論は相当に専門化が進んでいるので、このコースに学ぶ学生が例えばケンブリッジ大学の経済学トライポス（優等卒業試験）を受けたとしても、最優秀の成績をおさめることは困難だと思う。(6) ケンブリッジの経済学教育は、すべてとは言えないが、八割方はアメリカのそれと違わないものになっているからである。

現代の日本では、先に触れたように、参照基準の設定によってアメリカの経済学教育に近いものにもっていこうとする動きが起きている。おそらく、この動きは避けられないものだろう。ただし、参照基準が設定されたからといって、各大学がどのようなカリキュラムを提供するかを具体的に縛ることはできないはずなので、非主流派の経済学の科目を並べることは決して否定されていない。「標準的アプローチ」の導入が参照基準に謳われているからといって、それほど悲観的になる必要はないのではないかと思う。しかも、私は、繰り返しになるが、非主流派の経済学に進む前に「標準的アプローチ」をしっかり学んでおくことには反対ではないのである。

もしその道を選ばないとするならば、ＰＰＥのように、現代経済学以外の学問を学ぶコースを創ることも考えられるが、例えば哲学や政治学の教育は他学部の専門家の手に委ねるほかないわけで、いまの学部編成を前提にすると、相当の困難を伴うか、ほとんど不可能といっても過言ではないだろう。「経済学部」の解体につながるようなコースをただちに日本に導入するのは無理であると主張するゆえんである。

しかし、ここで話を終えたら、聴衆の多くは不満だろう。もちろん、まだ終わりではない。

最近の動きでいうと、とくにリーマン・ショック以降、あれだけ進歩したはずの現代経済学が金融危機に対して無力であったのはなぜかという不満が英国で経済学を学ぶ学生たちの中からも出てきた。ガーディアン紙の記事（電子版）によれば、マンチェスター大学を中心にこの動きが他大学にも広がっているとある。(7) 主流派ばかりでなく「多元的アプローチ」の導入を求める彼らの要求は十分理解できる。私自身も「多様性」はつねに大切に思っている。このような学生たちの「反乱」は、十数年前フランスにも起こった。(8) しかし、その後、経済学教育の中核は変わらなかったと思う。

「多元的アプローチ」を主張する者は、「標準的アプローチ」の否定から始めるのではなく、それをしっかり学んだ上で、批判的検討へ移るべきである。現代経済学には多くの問題点があるだろうが、「正統」を知らずして「異端」を語るべからず、というのが私の立場である。英国で「多元的アプローチ」を要求している学生たちも、その点に目を瞑るならば、以前のパリの学生たちと同じように、その目論見は上首尾には進まない可能性が大いにある。

まだ納得できない人は、フランスの経済学者トマ・ピケティの話題作『21世紀の資本』（2013年）のように「現代のマルクス」がアメリカでも持て囃されているではないかと反論するかもしれない。しかし、ピケティはLSE（ロンドン・スクール・オブ・エコノミックス）

で学位をとった研究者で、そのアプローチは決してマルクス的ではない。(9)自分でも「マルキスト」とは称していない。富の不平等を問題視する立場が「マルクス的」に見えるのかもしれないが（そのことをもって「マルクス的」と呼ぶのは思想史の理解としては誤りだが）、その実証分析は現代経済学の手法に従っている。

日本では、戦後から「ベルリンの壁」の崩壊まで、マルクス経済学の隆盛が長く続いたために、主流派経済学への反発は英米よりも潜在的にも顕在的にも強く、広い社会的関心を呼ぶのではないだろうか。何度も繰り返すが、私は「多様性」は貴重なものだと常日頃主張している。しかし、「多様性」を言う前に、少なくとも現代経済学で「標準的アプローチ」と呼ばれているものをしっかり学ぶべきだと思う。学部段階での経済学教育ならば、なおさらそのことは大切である。マルクスにせよケインズにせよ、彼らが生きた時代の主流派経済学を徹底的に学び、その根源的批判から「新しい経済学」を構想したことを忘れてはならないと思う。

＊この問題を含む最近の経済学全般についての見解は、橘木俊詔氏と私との対談集『来るべき経済学のために』（人文書院、２０１４年）を参照してほしい。

http://www.jimbunshoin.co.jp/book/b184748.html

注

（1）http://www.scj.go.jp/ja/member/iinkai/bunya/keizai/pdf/teian_sanshoukijun_220701.pdf
（2）http://www.kyoto-up.org/archives/1956
（3）http://www.sess.jp/office/pdf/office_140303.pdf
（4）http://www.ppe.ox.ac.uk/
（5）http://www.theguardian.com/education/2013/sep/23/ppe-passport-power-degree-oxford
（6）http://www.admin.cam.ac.uk/univ/so/2011/chapter04-section10.html
（7）http://www.theguardian.com/business/2014/may/11/after-crash-need-revolution-in-economics-teaching-chang-aldred
（8）http://www.thedailystar.net/shout/economics-is-dead-long-live-economics-25884　拙著『経済学再入門』（講談社学術文庫、２０１４年）「あとがき」に代えても参照。
（9）http://www.parisschoolofeconomics.eu/docs/piketty-thomas/resume-piketty-thomas.pdf

「長期停滞論」の復活

「長期停滞」（secular stagnation）という言葉が経済論壇でよく使われるようになった。一昨年末から著名な経済学者ラリー・サマーズ（ハーヴァード大学教授）が折に触れて自分のコラムのなかでこの言葉を使ってきたので、(1) 論壇では賛否両論を含めて盛んに議論されているようだ。ＩＭＦが最近（２０１４年10月７日）発表した経済見通しも、世界経済の成長率が３・３％に減速するという予測しているので、余計に人々の関心を呼ぶのだろう(2)。

「長期停滞」という言葉自体は新しいものではない。現代経済学史に関心のあるひとなら、１９３０年代のアメリカで、アルヴィン・ハンセンというケインジアン（ハーヴァード大学教授）が唱えた説だということをすでに知っているだろう。ハンセンの長期停滞論は、人口減少、フロンティアの消滅、技術革新の低迷を論拠にしていたが、リーマン・ショックから５年以上経った現在、同じハーヴァード大学教授のサマーズ氏が、「潜在力を大幅に下回る水準の低成長、生産、雇用と、問題含みの低い実質金利が今後しばらく併存する可能性」を説いているというわけだ(3)。

サマーズ氏は、長期停滞への処方箋を多方面から検討しているが、かいつまんでいうと、こういうことである。——供給面の改善策は需要不足に直面している現在デフレを招きかねない。金利と資本コストを可能な限り引き下げる政策は、適切な規制政策によって金融安定化を図る限り望ましいが、長期的には大規模な金融バブルが生じる恐れがある。それゆえ、経済の供給力が余っている現在だからこそ、政府が積極的にインフラの更新と補強をおこない、同時に民間支出も増えるような政策（例えば、石炭火力発電所の交換加速を義務づける規制の導入）を講じるべきだというものだ。(4)

もっとも、サマーズ氏の長期停滞論そのものを否定する見解もあるが、主要メディアをみてみると、サマーズ氏自身も指摘しているように、超金融緩和の持続が将来大規模な金融バブルにつながる可能性を危惧する意見が少なからずある。(5)なかには、景気低迷の長期化が戦争につながる危険性を強調している左派系のメディアまである。(6)

資本主義がいずれは「長期停滞」に陥るだろうという認識は古典派の時代からあったので思想史上は珍しくもないのだが、古典派の人たちが恐れた「定常状態」に陥ったときどうすべきかという点に関しては、現在、大きく分けて二つの見解が対立している。一つはなんとか「長期停滞」から抜け出す対策を打たねばならないという見解（その具体的な内容については、さらに見解が分かれるが）と、もう一つは「成長信仰」から脱却し、定常状態でも人々の生活が成り立つような仕組みを構想すべきだという見解（広井良典氏の「定常型社会」やセルジュ・ラトゥーシュ氏の「脱成長」など）の対立だ。ここまで来ると、純粋な経済分析ではなく、価値観やイデオロギーも絡んでくるので、二つは容易にかみ合わない。

私は、一昨年出した本のなかで、「成長至上主義」の限界に触れたので、その意味では、後者の見解に近いかもしれないが[7]、「脱成長」には無視できない反論がある。例えば、ロバート・シラー（エール大学教授）は、ベンジャミン・フリードマン（ハーヴァード大学教授）の著作『経済成長の道徳的帰結』[8]（２００５年）の所説を引き合いに出しながら、次のように述べている。

経済成長の重要性を疑問視する人もいる。彼らの多くは、私たちは欲張りすぎだ。余暇を増やしてもっと質の高い暮らしを楽しむべきだ、と言っているのだろう。彼らは正しいのかもしれない。

しかし問題の核心は、人々には自尊心と社会的比較の傾向が見られる点にある。経済成長が平和と寛容を促す、という希望の根底にあるのは、過去の人々と今の自分とを比較する癖だ。

「経済停滞」という問題をひとつとっただけでも、経済ばかりでなく社会や心理など「非経済的要因」にも配慮しなければ適切な政策に結びつかない。現代経済学は難しい課題を突きつけられているというべきかもしれない。

注

（1） http://www.reuters.com/article/2013/12/15/summers-stagnation-idUSL2N0JU0K020131215
（2） http://www.nikkei.com/article/DGXLASDF07H23_X01C14A0EE8000/
（3） http://jp.reuters.com/article/special1/idJPTYEA0503B20140106
（4） 同上。
（5） http://www.theguardian.com/business/2014/oct/07/imf-gloom-global-economy-growth-secular-stagnation
（6） http://www.wsws.org/en/articles/2014/10/10/pers-o10.html
（7） 拙著『経済学の３つの基本――経済成長、バブル、競争』（ちくまプリマー新書、２０１３年）を参照のこと。
（8） http://toyokeizai.net/articles/-/48801

次の論文も参照のこと。
https://www.project-syndicate.org/commentary/robert-j-shiller-worries-that-too-many-people-are-losing-confidence-in-the-future--and-in-democratic-institutions

不平等の拡大を危惧するイエレンＦＲＢ議長

トマ・ピケティの『21世紀の資本』（２０１３年）が朝のＮＨＫニュースにも登場するようになった。富と所得の不平等への関心が再び高まるようになったのはピケティの本の成功によるところが大きいが、最近のニュースでは、アメリカのＦＲＢ（連邦準備理事会）議長イエレン氏まで不平等の拡大に言及するようになったというのがとくに目を引く[1]。中央銀行の総裁に当たる重職にあるひとは、通常、そのような政治的に微妙な問題は取り上げないものだが、報道にあるような、"I think it is appropriate to ask whether [growing inequality] is compatible with values rooted in our nation's history."という発言は、不平等の拡大への重大な危惧の表明と言ってよいだろう。

イエレン氏は、とても平易な英語で経済問題を語る才能をもった稀有のひとである[2]。英語があまりにもわかりやすいので、大学の授業で使うには学生の英語を読む訓練にはならないほどだが、彼女の平易な英語で不平等と、機会の均等などに代表されるアメリカの伝統的価値が両立するかどうか問うべき時期に来ているといわれると、問題の深刻さがさらに浮き彫りになるのではないだろうか。

アメリカには、スコット・フィッツジェラルドの作品『ザ・グレート・ギャッツビー』（1925年）を基にした映画があるが（ロバート・レッドフォードやレオナルド・ディカプリオなどが主演した幾つかのヴァージョンがある）、イエレン氏が「グレート・ギャッツビー曲線」と呼ばれるものに言及しているのも興味深い。その曲線は、不平等の拡大と世代間移動の縮小との関連を示唆するものだが、すぐに予想がつくように、映画のなかで高級住宅街に住み、連日豪奢なパーティーを繰り返す謎の登場人物ジェイ・ギャッツビーの名前から取られたものである。

リーマン・ショックのような金融危機のあと、アメリカの上位5％が富の63％を所有しているという不平等の現状は、いまでは広く知られるようになってきたが[3]、これをどうすればよいのかについては、もちろん、見解が分かれる。ところが、イエレン氏は、このように政治的に微妙な問題に対して四つの改善策を挙げている。一部には民主党寄りの発言ともとられているが、内容は至極もっともなものばかりだ。その四つとは、子供たちへの援助の拡充、高等教育の拡充、企業の所有を通じて財産を形成する機会への援助、遺産への政策である。(4) すべて機会の均等を実現するために不可欠な政策ばかりである。政治的に難しい問題が含まれるが、ＦＲＢ議長が「中立」を破ってでもこのような踏み込んだ発言をした意義は大きい。

それにしても、イエレン氏の英語は、重職にあるすべての人たちにとって見本とも呼べるほど平易で明快である。難解な問題を平易に語る才能は、世界中の政治家や中央銀行総裁たちもぜひ見習ってほしいものだ。

注

(1) http://www.bbc.com/news/business-29668372

(2) 講演の全文は、以下で読むことができる。
http://www.federalreserve.gov/newsevents/speech/yellen20141017a.pdf

(3) http://www.theguardian.com/business/live/2014/oct/17/bank-of-england-chief-economist-gloomier-interest-rates-stock-markets-live

(4) http://www.federalreserve.gov/newsevents/speech/yellen20141017a.pdf

スティグリッツのラディカリズム

アメリカの著名な経済学者ジョセフ・スティグリッツといえば、有名な経済学教科書の執筆者なので、初歩の経済学を学ぶ者でもその名前を知らないひとがいないくらいだが、世代によってスティグリッツ氏のイメージは違うのではないだろうか。経済学とは関係のない人たちは、もしかしたら、数年前の Occupy Wall Street の運動に参加していた学者だという知識しかないかもしれない(1)。

私の学生(学部・大学院)時代はほぼ1980年代と重なっているが、その頃は非常にシャープな理論家だというイメージをもっていた。スティグリッツの名前を初めて知ったのは、彼が尊敬していた宇沢弘文氏(1928-2014)と共同で、経済成長理論に関する論文集を編集していた本がある専門書の参考文献に挙げられているのを見たときだった(2)。宇沢氏もベトナム戦争を境に次第にラディカルな社会運動にかかわっていくことになるが、この頃のスティグリッツ氏がそのような方向に行く兆候は見えなかった。現在のようなインターネットもなく、まだ若い経済学者の詳しい経歴などは知られていなかった。いわゆる

「ノーベル経済学賞」を受賞した今では、小さい頃からリベラルな家庭に育ったことなど、いくらでも情報は手に入るのだが、当時は、大物の経済学者を除いてそのようなことはわからなかった。(3)

大学院で勉強するようになった80年代前半から、のちのノーベル賞（2001年）につながるような仕事にたくさん触れることになった。「情報と資本市場」（1982年）、「情報、市場、競争」共著（1983年）、「貨幣、信用制約、経済活動」共著（1983年）、「資本市場における情報の不完全性とマクロ経済的変動」共著（1984年）、「情報の経済学と経済発展の理論」（1985年）等々、情報の不完全や非対称性を軸にした論文が次々に発表されるようになった。(4)この頃のスティグリッツ氏は、まさに「シャープな理論家」というイメージで、将来ウォール街を占拠する運動に参加するような姿は想像することもできなかった。

アルフレッド・マーシャルやポール・A・サムエルソンに代わる教科書という触れ込みで出版された『経済学』（初版は1993年で、その後、版を重ね続けている。翻訳は東洋経済新報社刊）を読んだときも、まだスティグリッツ氏のラディカリズムを見抜けなかった。もしかしたら、親しいひとは、そのような兆候を察していたのかもしれないが、海を隔てた国に住む私たちのほとんどにはわからなかった。

ところが、最近10年間の活動は、「リベラル」を超えて「ラディカル」という形容がふさわしいような領域にまで及んでいる。ウォール街批判や「ワシントン・コンセンサス」（新自由主義）批判などが人目を引きやすいが、とくにここ数年に関していえば、不平等問題や緊縮財政を続けるヨーロッパ（EU）の経済政策批判が頻繁にマスコミに登場する。「無防備の時代」と題されたエッセイでは、[5]オバマケアのあとでも、まだ4100万のアメリカ人が無保険のままであること、社会の上方への移動性が神話である反面、下方への移動性は目立つようになったことなどを挙げて、「無防備」(vulnerability)という単語をキーワードに使っている。[6]

GDPの成長がどれだけ早いかにかかわらず、その大多数の市民に利益をもたらすことに失敗しており、その人口のますます多くの割合が増大しつつある不安定に直面している経済システムは、根本的な意味において、失敗した経済システムである。そして、不安定を増大させ、その人口の大部分にとってより低い所得と生活水準につながるような緊縮財政のような政策は、根本的な意味において、間違った政策である。

現代資本主義体制への最も厳しい批判であると言ってよい。経済学部でスティグリッツ氏の教科書を読んでいる学生たちが、彼の口からこのような言葉が出てくるのを想像できるだろうか。おそらくその教科書からだけはできまい。私自身も、シャープな理論家というイメージをもっていた頃を引きずっているせいか、スティグリッツ氏の論説とわかって読んでいながら、いつの間にか誰か違うひとが書いているかのような錯覚を覚えることがある。だが、スティグリッツの「ラディカリズム」は本物である。

思えば、先ごろ亡くなった宇沢弘文氏の場合も、新古典派経済学の発展に寄与していた若い頃の仕事を高く評価する人たちにとって、「理論経済学者」と、水俣病問題や成田闘争に深入りした姿は容易にかみ合わなかっただろう。奇しくも、宇沢氏を尊敬していたスティグリッツ氏がますますラディカルになっていく姿をみると、ある種の感慨を抱かざるを得ない。

注

（1） http://www.democracynow.org/2012/6/6/joseph_stiglitz_on_occupy_wall_street

（2） *Readings in the Modern Theory of Economic Growth*, edited by Joseph E. Stiglitz and Hirofumi Uzawa, 1969.

（3） http://www.nobelprize.org/nobel_prizes/economic-sciences/laureates/2001/stiglitz-bio.html

（4） https://www0.gsb.columbia.edu/cfusion/faculty/jstiglitz/download/Stiglitz_CV.pdf
（5） http://www.project-syndicate.org/commentary/economic-failure-individual-insecurity-by-joseph-e--stiglitz-2014-10#JWYQOwPC6Au7sK7P.99
（6） 同上。

再び経済学の教育について

前に、最近の経済学教育をめぐる論争を取り上げたが、[1] ここでは、その後の動きを少しだけ補足しておきたい。

金融危機後の経済学教育の改革という問題は、専門家ばかりでなく、多くの識者の関心事でもあるのだろう。その証拠に、先日、英国ではBBCのRadio 4がケンブリッジ大学でおこなわれた経済学カリキュラムについての論争を録音している。[2] ケンブリッジの学生たちも、マンチェスター大学のPost-Crash Economics Societyに触発されて、いまの経済学教育が現実世界との接触を失っており、リーマン・ショックのような大きな金融危機にうまく対処できなかったことに不満を抱いているようだ。

だが、教える側も手をこまねいているばかりでなく、その日の論争には、CORE projectと呼ばれる新しいカリキュラムの作成にかかわったウェンディ・カーリン教授（ロンドン大学ユニヴァーシティ・カレッジ、UCL）も参加している。[3] 新しいカリキュラムは、制度的コンテキストや市場メカニズムの失敗などにも配慮したものだが、一部の学生はそれでも納得していないという。「COREの変化には実体がない。同じカリキュラムを、写真やデータなどを使って学生受けがよいようにしただけで、実際には内容はほとんど変化していない」と厳しい。[4]

CORE projectのような試みは、最近の経済学教育のなかでは例のないことなので、彼らの批判はやや厳しいようにも思えるのだが、わかりやすく言えば、どうも「代替的アプローチ」や「多元的アプローチ」に対する配慮が足りないというのが一番不満らしい。[5]

この問題は、『フィナンシャル・タイムズ』紙でも取り上げられた。[6]「経済学は金融危機後の世界を反映する必要がある」という見出しで記事が載っているのだが、経済理論の過度の数学化が現実世界との接触を失ってしまった弊害を的確に指摘している。ただし、大きなカリキュラムの改革が必要というよりは、いままでもあまり教えなかったシュンペーター、ハイエク、マルクスなどの非主流派の経済学を採り入れ、経済学の隣接領域との協同を進めればよいのだと解決策については意外にあっさりしている。だが、私には、『フィナンシャル・タイムズ』紙の記事にマルクスの写真が載っていることのほうが驚きだった。しかも、短い記事ながら、書いてある内容にバランスがとれている。一読の価値がある。

この問題はまだ続くような予感があるが、新しい動きがあれば、また紹介することにしたい。

注

（1） http://jiyugaoka-clweb.com/neimasahiro-lecture-kyoiku/

（2） http://www.tcs.cam.ac.uk/news/0033053-radio-4-record-economics-curriculum-debate.html

（3） CORE project の拠点は、オックスフォード大学のマーティン・スクールである。以下を参照。http://www.oxfordmartin.ox.ac.uk/research/programmes/inet-oxford

（4） http://www.tcs.cam.ac.uk/news/0033053-radio-4-record-economics-curriculum-debate.html

（5） http://www.timeshighereducation.co.uk/news/new-approach-to-economics-courses-criticised/2016297.article

（6） http://www.ft.com/cms/s/0/f9f65e88-44a3-11e4-ab0c-00144feabdc0.html#axzz3GdmyiQO3

ジェフリー・サックス氏のマクロ経済学観

マクロ経済学や開発経済学の分野で実績のあるアメリカの経済学者ジェフリー・サックス（コロンビア大学教授）のエッセイ「新しいマクロ経済的戦略」を読んだ。[1] 最近のサックスは、どちらかといえば、開発問題や貧困問題への取り組みのほうが目立っていたが、久しぶりにマクロ経済学の現状を論じている。というよりも、マクロ経済学の現状への不満を吐露したというべきか。

サックス氏によれば、現代のマクロ経済学は、「ネオ・ケインジアン」と「サプライ・サイダー」の二つに分けられる（この区分が適切かどうかという問題は措いておく）。ネオ・ケインジアンの関心が総需要の拡大にあるのに対して、サプライ・サイダーは減税に焦点を合わせているという違いはあるが、どちらとも、高所得経済（アメリカ、ヨーロッパのほとんど、日本など）の最近の芳しくないパフォーマンスを克服できていないという。確かにそうだ。だが、サックスは単なる「マクロ経済学者」ではない。開発問題への取り組みから学んだ教訓を取り入れて、「持続可能」で「投資主導」の新しい戦略を作成すべきときがきているのだと主張する。

実は、サックス氏の若い頃の仕事のひとつに、「ショック・セラピー」という、旧共産圏が市場経済への移行に際して採用すべき政策の提言があるのだが、これは、要するに、一挙に市場経済化を実現しようというショック療法のことである。その国の歴史や慣習などには適切な考慮を払わない荒治療なので、その後のサックス氏の仕事を知らないひとの一部は、彼の現在の立場を誤解しているかもしれない。そうだ、サックス氏も開発問題や貧困問題に取り組むうちにずいぶん「成熟」したのだ。

アメリカの政権は、どちらかといえば、民主党がネオ・ケインジアン寄り、共和党がサプライ・サイダー寄りだったが（これもかなり大雑把な区分だが）、どちらも国民所得に占める投資のシェアを引き上げるのには失敗している。投資支出は1990年にはGDPの23・6％を占めていたが、2013年には19・3％に落ちてしまったという。

もちろん、サックス氏は、投資であれば何でもよいとは考えていない。いま必要なのは、例えば、太陽光発電や風力発電、電気輸送、エネルギー効率のよい建物などへの投資である。簡単にいえば、「環境に優しい」「持続可能」な投資だと考えればよい。ところが、アメリカでもヨーロッパでも、政府が財政支出を引き締めて必要な投資をおこなおうとしていない。

ネオ・ケインジアンは、投資（民間のものであれ政府のものであれ）を総需要の一要素としかみていないし、サプライ・サイダーは、公共投資が減ってもその穴を民間投資がすぐに埋めるとナイーブに信じている。彼らは、そもそも、民間投資がそれを補完する公共投資や適切な規制の枠組みに依存しているということに気づいていない。正論である。

私は先にサックス氏の「成熟」と表現したが、開発問題や貧困問題に関与せず、いわゆる「象牙の塔」のなかで純粋なマクロ・モデルをつくることだけに専念したら、いまの彼は存在しなかったといってもよいだろう。サックス氏は、そのエッセイを次のように結んでいる。(2)

私たちは、長期的な公共投資戦略、環境計画、技術工程表、新しい、持続可能な技術のための政府–民間の協調、グローバルな協力の拡大を必要としている。これらの手段は、私たちの健康や繁栄が現在それに依存している新しいマクロ経済学を創り出すだろう。

いまの主流派マクロ経済学は、まだ、このような基盤の上には立っていない。サックス氏の不満が解消されるまでにどれほどの時間がかかるか、私にはわからない。あまりに遅すぎて、地球に優しい環境も持続可能な発展も、すべてが手に入らない時代ではないことを祈るのみだ。

注

（1） http://www.project-syndicate.org/commentary/declining-investment-in-rich-countries-by-jeffrey-d-sachs-2014-10

（2） 同上。

「不平等」を論じるとマルキスト⁉

昨年、『日本の経済格差』（岩波新書、1998年）で格差問題にいち早く警鐘を鳴らした橘木俊詔氏（京都女子大学客員教授、京都大学名誉教授）と私との対談集『来るべき経済学のために』（人文書院）が刊行された（1）。橘木氏は対談でたくさんの本を出しているが、私は初めての試みだ。全体として、経済学の現状と将来について語り合った内容になっているのだが、私が一番驚いたのは、「格差を問題にすると、「あなたはマルキストか」と言われることがある」という橋木氏の発言だった。

たしかに、マルクスは、資本家による労働者の「搾取」を取り上げているので、経済格差を論じていたというのは間違いではない。昨年の話題をさらったトマ・ピケティの『21世紀の資本』（2013年）も、彼自身はマルキストではなかったにもかかわらず、マルクス的な問題意識をもって経済格差を論じた著作としてマスコミで何度も紹介された。そのトレンドに乗って、いくつかのメディアが改めてマルクスの『資本論』を現代にも多くの示唆を与える著作として取り上げたのも十分に理解の範囲にある。(2)

しかし、橘木氏との対談でも強調したように、「近代経済学」（もはや死後だが、非マルクス経済学の意味でかつてはよく使われた）の本流は、経済格差の問題を無視したどころか、逆にその問題に並々ならぬ関心を抱いていた。

アルフレッド・マーシャルというケンブリッジ学派の創設者は、代表作『経済学原理』（1890年）によって19世紀終わりから20世紀のケインズ革命まで英米の経済学界を支配した本流だが、数学者として出発したマーシャルが最終的に経済学に向かったのは、ヴィクトリア朝の繁栄の影に隠れる労働者の貧困問題に心を痛めたからである。彼が経済学者の要件として、「冷静な頭脳」とともに「暖かい心」を挙げたのもそのためである。「格差」への関心が、マルキストであるかどうかを決めるメルクマールでは決してない。

先頃、「世界経済フォーラム」（World Economic Forum）でも、２０１５年のリスク要因として「不平等の拡大」と「雇用なき成長」の二つがトップツーに挙げられたが[3]、世界経済フォーラムは、言うまでもなく、マルクス主義とは何の関係もない非営利団体である。

ジョセフ・スティグリッツ教授の「ラディカリズム」は前に取り上げたが、誤解されないように付言すると、不平等の拡大が「機会の均等」を奪い、「アメリカン・ドリーム」を過去のものにしたという彼の主張は、昔のマルクス主義者のように「革命」を待望しているわけでは決してない。不平等の拡大を危惧することは、完全平等をもとめることと同じではないのである。スティグリッツ教授は、最近の論説のなかで、「アメリカにおける論争は不平等を除去することではなく、単にそれを緩和し、アメリカン・ドリームを再現することにかかわるものだ」と言っているが[4]、これこそ、マーシャルが強調したように、「冷静な頭脳」と「暖かい心」の理想的な組み合わせではないだろうか。

注

（1） http://www.jimbunshoin.co.jp/book/b184748.html

(2) http://theweek.com/article/index/269996/what-karl-marx-can-teach-us-in-2014
(3) http://forumblog.org/2014/11/top-10-trends-world-2015/
(4) http://www.washingtonmonthly.com/magazine/novemberdecember_2014/features/conclusion_slow_growth_and_ine052716.php

経済学は女性には魅力がない?

先日『ガーディアン』紙の電子版を読んでいたら、ビジネス面に経済学を学ぼうとする女性がなかなか増えないという記事が載っていた[1]。いまはＩＭＦの専務理事(クリスティーヌ・ラガルド氏)も、ＦＲＢの議長(ジャネット・イエレン氏)も女性だが、英国では経済学を学ぶ学生のうち女性が占める割合は27％に過ぎないという。

以前から、高度な数学や統計学を駆使した経済モデルがネックになっているとか、現実問題にあまり役立たないからだとか、いろいろな要因が指摘されてきた。たしかに、そういうこともあるかもしれないが、現代経済学は「合理的経済人」を仮定したモデルばかりでなく、行動経済学のように「限定合理性」を積極的に取り入れたモデルづくりに取り組んでいる分野もある。この記事にも、心理学者でありながらノーベル経済学賞を受賞したダニエル・カーネマン教授にあこがれる女子学生も登場している。だが、マンチェスター大学のPost-Crash Economics Societyのように、[2]リーマン・ショックのような金融危機のあとでも、経済学が社会から隔離され、投資銀行やコンサルタント業のような“self-serving professions”と結びついていることに不満を述べている女子学生もいるようだ。彼女はこう言っている。[3]

“The economics we are taught is increasingly out of touch with real problems and perhaps that puts off women, and people in general, who don't want careers for economic gain.”

やや経済学の現状や将来に対して厳し過ぎる意見だが、世の中にもこのように思っているひとが少なくないことは間違いない。しかし、ここから、本来女性は経済学に向いていないと推論するのは誤解を招きやすい。専門家でも世の中に偏ったイメージを植えつけやすい調査結果を発表することがある。例えば、アメリカ経済学会が男性と女性の経済学者に経済問題に対する見解を質したところ、男性は雇用主に対して労働者のための健康保険を義務づけ

る政府規制に反対しやすく、女性は但し書き付だが自由貿易協定に反対しやすい傾向がみられたという。(4)

マサチューセッツ大学のジュリー・ネルソン教授は、このような見方に反発している。男性と女性の経済学者のあいだの見解の相違は、"any innately different interests"というよりは、"self-selection"の問題だと。(5)正論だと思う。だが、経済学界はいまだに事実上「男社会」である。それゆえ、ネルソン教授もいうように、それ打ち破るために、女性の経済学者が必要以上に「フェミニスト」的な行動をとり、「急進的」な見解を表明せざるを得ないという事情も作用するのだろう。

かつてノーベル経済学賞に最も近い女性といわれながら「左翼」であるという理由で結局その栄冠に輝かなかったジョーン・ロビンソンも、後年はかなりラディカルな方向に進んでいた。ロビンソンの死後から数十年経って、「制度」の研究でノーベル経済学賞を受賞した、「左翼」ではない穏健な立場の女性も出たが、ロビンソンの「カリスマ性」の前にはやや影が薄いのではないだろうか。もっと昔の話をすると、『資本蓄積論』の著者で、マルクス主義の運動にもかかわったローザ・ルクセンブルクという女性は、最期は非業の死を遂げた。ロビンソンもルクセンブルクも「左翼」であったという事実は、もしかしたら、後々まで尾を引いているのかもしれない。

注

（1）http://www.theguardian.com/business/2014/nov/30/economics-failure-real-world-issues-drives-women-away

（2）http://www.theguardian.com/business/2013/oct/24/students-post-crash-economics

（3）http://www.theguardian.com/business/2014/nov/30/economics-failure-real-world-issues-drives-women-away

（4）http://www.usatoday.com/story/money/business/2012/09/29/male-female-economists-differ/1583053/

（5）http://www.theguardian.com/business/2014/nov/30/economics-failure-real-world-issues-drives-women-away

トマ・ピケティ氏、レジオン・ドヌール勲章を辞退

元旦の朝日新聞には、『21世紀の資本』（2013年、日本語版はみすず書房刊）で一躍「ロ

ック・スター」並みの人気者となった、フランスの経済学者トマ・ピケティ氏への長いインタビュー記事が載った[1]。この本はすでに論じ尽された感があるので、ご関心のある方は、直接その本をひもとくか、新聞や雑誌の解説記事を読んでほしい。

ここで紹介したいのは、やはりお正月の世界各紙（電子版を含む）に載ったことである。彼がフランス政府からのレジオン・ドヌール勲章を辞退したというのだ[2]。

France 24 の記事を読むと、ピケティ氏は、次の二つのことを言ったという[3]。

"I refuse this nomination because I do not think it is the government's role to decide who is honourable."（「私がこのノミネーションを拒否するのは、誰が尊敬すべきかを決めるのは政府の役割だとは思わないからだ。」）

"They would do better to concentrate on reviving (economic) growth in France and Europe."（「彼らはフランスとヨーロッパにおける（経済）成長を回復させることに専念したほうがよいだろう。」）

レジオン・ドヌール勲章を辞退したのはピケティ氏が初めてではないが、この記事を読んだとき、わが国で戦後初の総選挙で当選した女性政治家の晩年の言葉が脳裏をかすめた。「（勲章を）受けるのも虚栄心、拒否するのも虚栄心」と。テレビで観た記憶だが、確かにそういった。

ピケティ氏はオランド大統領とは距離を置いているが、以前、フランス社会党の経済政策の策定に関与したこともあるので、社会党政権のときにレジオン・ドヌール勲章の栄誉に輝いても何の不思議もない。彼が世界的に有名になったおかげで、富や所得の「不平等」の問題が再び論壇の重要テーマとなったのだ。いまや、彼の名声は、昨年ノーベル経済学賞を受賞した同じフランス人のそれをはるかに凌駕している。

そういえば、フランスでは、かつてノーベル文学賞を辞退したサルトルという存在があった。ノーベル財団の公式ホームページにも、そのことが載っている。(4) 1964年10月の「事件」だ。サルトルは、ノーベル賞を受賞することで、自分が"institutionalised"されることを嫌ったという。

そういう例があるからこそ、フランスの学者やインテリの動向は観察するだけでも面白いのだ。

注

（1）電子版は大晦日の夜に記事が載った。http://digital.asahi.com/articles/ASGDS4G49GDSUPQJ003.html
（2）http://www.bbc.com/news/world-europe-30650097
（3）http://www.france24.com/en/20150101-best-selling-economist-piketty-refuses-france-top-honour
（4）http://www.nobelprize.org/mediaplayer/index.php?id=378

エコノミスト・ランキングの波紋？

ごく最近、『エコノミスト』誌に「影響力のあるエコノミスト」（２０１４年度）のランキングが発表されたが[1]、これをめぐって小さな波紋が生じているようだ。

これは、アカデミックな業績に基づくランキングではなく、論壇での活躍や政策への影響力などに配慮したものだ。それゆえ、いわゆる「象牙の塔」の経済学者で、ときどき政策論などを発表するひとも含まれるが（例えば、ポール・クルーグマンは3位、ロバート・シラーは8位、トマ・ピケティは13位、ラリー・サマーズは14位、ダニエル・カーネマンは15位）、トップがジョナサン・グルーバー（ＭＩＴ教授で、オバマケアの推進者）であることからもわかるように、ノーベル経済学者賞に一番近いひとを予想するためのランキングとは趣旨が異なる。しかし、みな有名だという点は変わらない。

どんなランキングも各方面から批判の対象になりやすいが、すぐに出てきたのは、ランキングの中に女性がいないという批判である。(2) 有能な女性経済学者はたくさんいるという点は全くその通りだが、ほかにも、アラン・グリーンスパン（元ＦＲＢ議長）が入っているのに、ジャネット・イエレン（現ＦＲＢ議長）が入っていないのは不可解だ。これもすぐに指摘されたようだ。(3)

「経済学者」と「エコノミスト」という言葉は日本では微妙に使い分けがなされるが、英語で言えば、どちらも"economist"である。「アカデミック」という形容をつければ、「経済学者」に近くなるかもしれないが、アメリカでは、アカデミックな世界で活躍していたひとも、例外を除いて、政策に関与している場合が少なくないので、両者の区別は難しい。

ただし、前に触れたように、経済学者ならば、このランキングを見て、ノーベル経済学賞の予想につながるような業績ランキング（査読付の世界の一流学会誌に掲載された論文の数や引用回数などを基に計算されるもの）ではないことはすぐにわかる。あくまで２０１４年に

「影響力のあった」エコノミストのランキングなのである。

　このランキングへの不満はよく理解できるが、どのような「基準」でランク付けされたのかを頭に入れておけば、それほど憤慨することもないのではなかろうか。そもそも、この種のランキングをあまりにもまともに受け取ること自体が危険である。こんなことは言う必要もないと思ってきたが、アメリカの雑誌にこのランキングへの批判をよく見かけるので、あえて紹介することにした次第だ。

注

（1）http://www.economist.com/news/finance-and-economics/21637412-economists-academic-rankings-and-media-influence-vary-wildly-shifting-clout

（2）http://www.businessinsider.com/economist-most-influential-economist-list-2015-1

（3）http://www.slate.com/articles/business/moneybox/2015/01/the_economist_s_top_economists_list_here_s_how_the_magazine_should_have.html

「ピケティ旋風」は続く

パリ経済学校の人気教授トマ・ピケティ氏がNHKのEテレ「白熱教室」に登場し、好評を博しているようだ(1)。一年前には考えられなかった現象だ。もちろん、世界的なベストセラーになった彼の話題作『21世紀の資本』(2013年、日本語版はみすず書房刊)のおかげであることは言うまでもない。1月末には、日本でもシンポジウムが開催された(2)。

ピケティはフランスの経済学者である。しかし、一昨年、英語版が出版されると、ポール・クルーグマンやジョセフ・スティグリッツのようなリベラルなノーベル経済学賞受賞者たちがその本を絶賛し、一躍「時の人」となった。そして、なんと1月20日夜おこなわれたオバマ大統領の一般教書演説のなかには、ピケティの影響と思しき「富裕層への増税」が盛り込まれた(3)。『ニューヨーク・タイムズ』紙も、演説の中にピケティの影響がみられるという趣旨の記事を載せている。"Echoes of Piketty in Obama Proposal to Address Income Inequality"というタイトルがそれを象徴している(4)。

昨年の夏、橘木俊詔氏と対談集の仕事をしていたとき(昨秋、人文書院から『来るべき経済学のために』と題して刊行された)、15年以上も前、日本の経済格差という問題提起をした橘木氏自身が「格差はあってもほとんど誰も問題にしなくなった」と発言していたが、その後の「ピケティ旋風」のおかげもあって、日本でも再び格差問題が論壇に登場するようになった。『21世紀の資本』の解説は、いまだに新聞や雑誌に載っているし、街の本屋さんにはいくつかの入門書まで置いてある。(5)

フランスには長い間「ロック・スター」と称されるほどの世界的に著名な経済学者がいなかった。もちろん、戦後まもなく登場した「フランス・ソシオロジスム」や比較的最近のレギュラシオン理論のように、フランスの風土に根ざした経済学が流行したことはあった。しかし、そのリーダーたちは、残念ながら、ピケティのように若くも格好よくもなかった。アングロサクソン圏の経済学者にも通じる経済分析で不平等を論じたピケティは、例外的な存在である。

経済学の父はアダム・スミスだと言われることが多い。しかし、シュンペーターや私の恩師(菱山泉)が高く評価したように、「経済科学」の創設者はフランソワ・ケネー、フランス人だという自負がかの国には根強い。もっとも、ピケティの経済分析の手法は英米で主流派のそれとほとんど変わらないのだが(彼はマルクス主義者ではない!)、それでも、彼ほど時代の潮流を見事にとらえた話題作をタイムリーに書いた経済学者はフランスでは稀である。「ピケティ旋風」はもうしばらく続きそうだ。

注

（1）http://www.nhk.or.jp/hakunetsu/paris/archives.html
（2）http://www.msz.co.jp/topics/07876/
（3）http://jp.reuters.com/article/topNews/idJPKBN0KU05M20150121
（4）http://dealbook.nytimes.com/2015/01/20/echoes-of-piketty-in-obama-proposal-to-address-income-inequality/?_r=0
（5）http://www.asahi.com/and_M/interest/SDI201501205134l.html

占拠されたＬＳＥ

日本ではほとんど全く報道されないが、経済学部ランキングでは、つねにケンブリッジやオックスフォードと並ぶか、ときに凌駕するほどのＬＳＥ（London School of Economics and

Political Science）の中央管理室が、3月17日、学生たちに占拠された。私は主要紙では『ガーディアン』紙（電子版）の記事で知った[1]。彼らは、"profit-driven and bureaucratic business model of higher education"、つまり高等教育が利潤動機で官僚的なビジネス・モデルによってなされることに異議を唱え、「ロンドン自由大学」（Free University of London）を旗揚げし、マスコミやSNSなどを通じて自分たちの主張を展開している。"Occupy LSE"という記事が各紙に踊っている。

彼らの要求をみると、いま触れた高等教育のいわば「法人化」や学費問題などへの抗議ばかりでなく、労働者の権利にまで言及しているので、LSE内部だけの「学生運動」ともいえない[2]。LSEは、もともと、シドニー・ウェッブやバーナード・ショーなどフェビアン社会主義者によって設立された学校ではあるが、しかし、かつてライオネル・ロビンズや森嶋通夫（ともに故人）などが証言してきたように、当初から教授陣を左翼系の学者だけで固めたわけではなく、政治的立場を超えて人事は公正におこなわれてきた。そうでなければ、経済学で一流の業績をあげた学者たちを世界中から集めることはできなかっただろう。

だが、一部の左翼系のマスコミがすかさず支持を表明し、学問分野を超えた要求のほうに関心が移るとなれば[3]、大学当局としても法的措置で対抗することをちらつかせるほかなかったと見える。3月29日付の『ガーディアン』紙にはこうある(4)。

"In the event that the occupation does not immediately end, LSE will have no alternative but to escalate this to legal proceedings."

「大学は工場ではない!」という言葉は、ビジネス・モデルに反対し、労働者との「連帯」を図るには都合のよいキャッチフレーズではあるが、学問の場において、なんらかの政治的な立場と「結合」して自分たちの要求を通そうとするのはよい傾向ではない。

イギリスの大学での経済学教育については、前に、マンチェスター大学を拠点にし、主流派だけでなく非主流派の経済学もカリキュラムに組み込むように要求している"Post-Crash Economics Society"の活動を紹介したが、いまだに十分な目的は達成していない。その後、「ピケティ旋風」があったので、なんらかの「変化」が生じる可能性はあるが、いまの形でのLSEの「占拠」は早晩挫折するのではないだろうか。学生たちも「政治」に利用されることなく、大学当局との「対話」を続ける別の方法を見つけたほうが賢明である。

注

（1）http://www.theguardian.com/education/2015/mar/18/lse-students-occupation-protest-education

（2）http://occupylse.tumblr.com/demands

（3）https://www.opendemocracy.net/ourkingdom/harry-blain/our-turn-to-talk-why-we-should-listen-to-occupy-lse

http://socialistworker.co.uk/art/40176/Hundreds+march+in+support+of+London+LSE+student+occupation

（4）http://www.theguardian.com/education/2015/mar/29/lse-threatens-student-protesters-legal-action-occupation-university

第Ⅲ部　【書評】歴史と音楽を読む

平川克美『グローバリズムという病』（東洋経済新報社、2014年）

本書の主張の核心は、「グローバリズムとはイデオロギーである」ということであり、「グローバル化」とは区別しなければならないというものである。

グローバル化とは、大量輸送や高速移動が可能となって以来進んできたものであり、具体的には、「資本の海外移動」「工場の海外移転」「販路の海外展開」などの言葉で表現できるが、著者は、これらは「文明の進展や民主主義の発展に伴う自然プロセス」であると捉えている（同書、85ページ）。これに対して、グローバリズムとは、単なる経済政策（「規制緩和」「貿易の自由化」「企業や人の流動化」）ではなく、「国際的な規模のビジネスと政治の癒着の結果考え出された、収奪のハイブリッドシステム」である（同書、156ページ）。そして、その主役は、世界レベルでお金儲けのための競争戦略を推進する大企業（あるいは、多国籍企業）であるという。

たしかに、1980年代以降、アメリカで新自由主義の名前の下で推進されたのは、大企業優遇策、金融偏重、市場原理、民営化などだったが、その結果、経済格差が拡大し（貧困層の増大と1％の超富裕層の台頭)、国内産業が衰退していった。著者は、アメリカはこれによって、「営々と築きあげてきたものづくりの伝統、勤労の精神、労使間の信頼といった資産を大きく毀損した」という(同書、123ページ)。だが、この変化をもくろんだのが、「世界の富を収奪する超国家的なシステム実現の野望」を抱いた大企業であったと考えれば納得がいく。著者の言葉遣いは、グローバリズムというイデオロギーに染まった人たちには心地よくないかもしれないが、「多国籍企業が、金の力を背景として国際機関から政府機関までをコントロールするコーポラティズム」となっているとか、「アダム・スミスが批判した重商主義王権の現代的再現」であるというのは一面の真理を突いていると思う(同書、123－124ページ)。

だが、グローバリズムから逃れるのはどうすればよいのかという点になると、意見が分かれるだろう。

著者は、以前の著作『小商いのすすめ――「経済成長」から「縮小均衡」の時代へ』(ミシマ社、2012年)にも示唆されているように、人口減少時代に突入した日本経済にとって、「活発な商店街の定常経済」から学ぶべきことが多いと説く。商店街は、ウォルマートのような大企業が考えるような「いつでも交換可能なアノニマスな消費者の集合地」ではなく、大切に守り育てていく「場」である。商店街の商店主には、「強固な生活者としての思想」があり、これが「個々の店舗においては大きな成長はないが、定常的な『場』の力が働いて、それぞれの店舗が長生きするのを助けているのである」という（同書、204ページ）。

著者は、「生活者としての思想」は、江戸時代の職人の思想から継承されてきたものであり、これがグローバリズムに対抗しうる「思想的拠点」になりうると考えている。いくらか高度成長以前の懐古的な論調と、グローバリズム批判と比較して「生活者の思想」の展開部分がやや具体性に欠けることが気になるが、著者のグローバリズムに対する危機意識は真摯なものであり、賛否両論あっても、一読に値する読み物だと思う。

神田千里『織田信長』（ちくま新書、2014年）

織田信長は、戦国武将のなかで最も人気のあるひとりだろう。伝統的な権威を否定し、いち早く「天下統一」を狙った革命児としての人気は揺るがない。だが、そのようなイメージを抱いて本書を読もうとすると、間違いなく当てが外れる。というのも、著者みずからが語るように、「信長の「革命的」印象とはうらはらに伝統的権威と協調もし、諸大名との共存をも視野に入れて行動する面もあったことを述べたい。また時代に先んじた新しい思想を持っていたという印象とは対照的に、常識を重んじ、世間の評判にも敏感だった一面を述べてみたい」（同書、019ページ）というのだから。

美濃を攻略し、岐阜城に移った信長が「天下布武」の朱印状を使い始めたことは有名だが、著者は、「天下布武」という言葉が武力をもって天下を統一するという意味だという「通説」に疑問を呈する。そもそも、「天下」とは、全国というよりは、「京都を含む五畿内」のことであり、「天下布武」とは「あくまで畿内における「天下」の秩序の樹立をめざす者である、と信長は自己アピールしていたことになる」という（同書、111ページ）。ある段階までの信長が足利義昭を主君として立て、自分は人臣として天皇を立てていたことにはほとんどの人は反対しないだろうが、それを信長の「真意」とみるか、一種の「方便」とみるかによって解釈が分かれる。本書は基本的に前者の立場に近く、信長が危機に陥ったときに将軍や天皇の権威を借りてでも敵方と和睦したのもそのあらわれだと捉えている。

信長は仏教に否定的で、キリスト教に寛容だったという「通説」がある。しかし、著者は安土宗論にかかわる史料を再検討し、信長が「自ら信じる以外の教義や宗派を排撃すること」

を嫌っており、キリスト教を優遇したように一見みえても、それは単にすべての宗教に優劣をつけない立場だったからに過ぎないという趣旨の解釈を提示している。むしろ「優遇」されたと思い込んだイエズス会が、信長を仏教や神道に敵対する者として誤解した可能性があると（同書、190ページ参照）。興味深い解釈である。

信長は天下統一の途上で明智光秀の謀反によって倒されたとみるのがふつうだが、その段階での信長が、例えば毛利家と「対等な大名同士の友好関係」を保っていたとか、諸大名との「共存」を目指して「合議」を尊重していたという史料が多数出てきたことをもって、「天下統一」への野望がなかったと言い切れるのかという疑問はもちろん残る。

著者は、「ようするに伝統の遵守ではなく破壊こそが進歩を生むとの観念は現代人にこそ馴染み深いが、近代科学以前の時代に生きた信長の行動を考える場合には、必ずしも適切ではないと思われる」（同書、203ページ）と述べているが、伝統的権威への尊重と反逆の関係はそれほど単純ではないのではないか。

経済学では、シュンペーターの「創造的破壊」という言葉がよく使われるが、これは単に「伝統」を否定することではなく、「革新」が「伝統」と相並んで競い合い、ついには「革新」が「伝統」を駆逐して新しいシステムを創り出していく過程を表す言葉である。その「過程」

のどこに注目するかで意味が変わるように、信長の伝統的権威への尊重と反逆のあいだにも、どの辺に注目するかで解釈が変わってくるのではないだろうか。

それにもかかわらず、「革命児」としての信長像が「通説」に染み込んでおり、史料を丹念に読めば、信長がそれほど単純な武将ではなかったことを明らかにしたのは本書の貢献のひとつだろう。歴史の解釈はそう簡単ではない。「通説」にとらわれず重要文献を精読することの大切さは、どの学問分野でも変わらない。

小和田哲男『明智光秀と本能寺の変』（PHP文庫、2014年）

小和田哲男氏の『明智光秀』（PHP新書、1998年）が文庫化された。小和田氏は、光秀や石田三成など、日本史上の敗者を進んで取り上げてきたが、光秀に関しては、高校時代に新しく「歴史部」を立ち上げて、高柳光寿氏の『明智光秀』を輪読してからずっと関心をもっていたのだという（同書、「おわりに」254ページ）。光秀は、「明智光秀ききょう祭[1]」にみられるように、現在でも丹後で慕われている戦国武将だが、全国的に知られているかどうかはわからない。

ところで、昨年、本能寺の変の「真の原因」に迫る新しい史料が発見され、全国各紙に紹介された。すなわち、織田信長は、長宗我部氏の四国領有をはじめ容認していたが、この立場を改め、四国攻めを準備するようになった。だが、長宗我部氏との関係を重視する光秀が四国攻めを回避するために信長に反旗を翻したというのである。[2] 本書にも「四国長宗我部問題」についての記述はあるが（同書、２１２-２１４ページ参照）、光秀謀反の原因を基本的に「信長非道阻止説」によって読み解こうとしているのが本書における小和田氏の立場である。

では、「信長非道」とは、具体的には何を指すのか。小和田氏は、次の五つを挙げている（同書、２０４ページ）。

１　正親町天皇への譲位強要、皇位簒奪計画
２　京暦（宣明暦）への口出し
３　平姓将軍への任官
４　現職太政大臣近衛前久への暴言
５　正親町天皇から国師号をもらった快川紹喜を焼き殺した

説明していけば長くなるのでここでは控えるが、本能寺の変の「真の原因」が何かというのは、大袈裟にいえば歴史家の数だけあるので、どれが本物とは断定しにくい。それでも、小和田氏の説は、そのなかでは、私たちの常識に照らして最もわかりやすい説のひとつだとは言えるだろう。「歩く歴史家」として、実際に愛宕神社まで参詣したというから、小和田氏の「直観」から生まれたアイデアなのだろう（同書、197ページ参照）。

「敗軍の将は、正しい伝記さえ残してもらえないのがわが国の歴史家のとらえ方のようである」（「はじめに」、同書、13ページ）という小和田氏は、ある種の使命感を持って本書を書いているが、光秀が数々の勲功によって異例の出世をした武将であり、しかし、そのあとを追ってきた羽柴秀吉がもしかしたら自分を追い抜きつつあるという焦りを感じていたという理解にはほとんどのひとは反対しないと思う。

本書を読んで改めて認識したのは、光秀が京都奉行をつとめた経験から、京都の庶政や朝廷との交渉に通じており、公家衆の中にも豊富な人脈を築いていたことである。本能寺の変の「真の原因」はいまだによくわからないが、もしかしたら、光秀は信長を倒した後の朝廷工作において自分に勝るものは「織田政権」のなかにはいないと「過信」していたのではないだろうか。自分が最も得意とするところで思わぬ不覚をとることは十分にあり得る。読み進めながらいろいろと想像力をふくらませてくれる楽しい読み物である。

注

（1）http://www.ryoutan.co.jp/news/2007/10/02/002336.html

（2）http://www.huffingtonpost.jp/2014/06/23/honoji_n_5524152.html

浅見雅男『学習院』（文春新書、２０１５年）

日本の華族研究で有名な著者が、今度は「華族の学校」たる学習院を論じた新書（浅見雅男著『学習院』文春新書、２０１５年）を上梓した。

学習院の歴史は少々複雑なので、明治維新以後、舞台が東京に移ってからの話を中心にせざるを得ないが（その歴史が複雑だけに巻末にひとまとめした年譜がないのは惜しい）、ひと口に「華族」といっても、家柄華族（公家華族と大名華族）や勲功華族の経済力には格差があったので、学習院を恵まれた子弟たちが通う学校としてのみ見るのは誤解を招きやすい。学習院の運営費も華族会館が出す資金だけではとうてい足りず、当初から天皇の財政的援助がなければ成り立たなかったし、一部の華族は「華族生徒貸費制度」を利用しなければ学業が続けられなかったという。

興味深いのは、学習院高等科卒業生の帝国大学進学問題である。明治27年（1894）の段階では、高等科を優秀な成績で卒業した者は、院長の推薦によって帝国大学の法科大学や文科大学に進学できたが、明治33年（1900）からは制度が根本的に変わって、「学習院高等科卒業生が帝大の各学部に無試験で入学できるのは欠員があるときのみ」となった（同書、70ページ参照）。それでも、その頃の帝大には結構欠員のあったところ（例えば、文学部）があったので、志賀直哉や武者小路実篤などは無試験で入学している。ところが、驚くべきことに、そのような例外を除いて、東京帝大は学習院高等科生が「受験」するのは認めていなかった。そうであれば、優秀な生徒たちが学習院の中等科から高等科へと内部進学せず、ほかの学校に移っていったのも肯けるが、これは、「要するに当時の文部省が同科を官立高等学校と同等と認めていなかった」（同書、73ページ）がゆえに生じた「珍事」である。学習院高等科卒業生に帝大の入試を受ける資格が与えられたのは、カリキュラム変革を経た大正10年（1921）4月のことだった。

ところで、もともと、明治天皇は、明治14年（1881）4月に徳大寺実則宮内卿を通じて岩倉具視（当時は右大臣）に与えた言葉にあるように、華族の子弟はなるべく軍人になるべきだという考えをお持ちであった。だが、明治天皇の「御沙汰」が必ずしも華族たちに受容されなかったことから、いろいろな問題が生じたと言ってもよい。もちろん、青山忠誠（元丹波篠山藩主家の当主、のち子爵）のように、明治天皇の「御沙汰」に忠実に陸軍の幼年学校や士官学校で学んだ例外的な華族もいたが、大名華族の子弟たちの大部分にとっては、かつての「家臣」たちと一緒に入ることになる軍隊は魅力的な働き場ではなかった。プライドが高いのは仕方がないが、現実には、華族の子弟たちが知力と体力の両面で軍学校に入るレベルに達していなかったということのほうが問題であったかもしれない（同書、171ページ）。結局、明治、大正、昭和と時代が下るにつれて、学習院から軍学校への進学者が減っていったという事実は、明治天皇の「御沙汰」通りに現実が進まなかった証左だろう。

華族女学校や学習院女学部で実績を残した下田歌子の話も読ませるが、残念なことに、当時は「花嫁修業」のために女子生徒の中退者が多かったらしい。乃木希典将軍が学習院の院長をつとめた時代は長くはなかったが、日露戦争の「悲劇の将軍」として国民に大変に人気のあった乃木も、女学部の大多数の女子生徒たちの目には「奇妙な」院長に映ったともいう

（同書、160ページ）。「質素」を旨とした乃木の教育方針も、必ずしも好意的に受けとめられなかったのだ。

さて、現代では、秋篠宮家の佳子内親王が学習院大学文学部を中退して国際基督教大学に移ったり、悠仁親王が最初から学習院幼稚園に通わず、お茶の水女子大学付属幼稚園に入学したりと、以前では考えられないことが続いたが、学習院関係者の間から公然たる不満の声は上がらなかった。学習院をめぐる状況も確実に変化したのだ。草創期の学習院にも約二割の非華族が通っていたが、戦後70年を迎えた現在、学習院もようやく「ふつう」の私立学校になったということかもしれない。

イグナシオ・パラシオス＝ウエルタ編『経済学者、未来を語る』（小坂恵理訳、NTT出版、2015年）

経済学者やエコノミストの予測はほとんど当たらないというのが相場だが、100年先の未来ともなれば、なおさらその「精度」は落ちるかもしれない。本書は、有名なケインズが大不況の最中に発表した「わが孫たちの経済的可能性」（1930年）にヒントを得て編まれた論文集である。当時のケインズは、世界中が不況に喘いでいるにもかかわらず、遠い未来については、経済問題の大半は解決されているという、かなり楽観的な見取り図を描いたが、本書に寄稿している経済学者たちも、例外を除いて、100年先の未来を決して悲観していない。

例えば、ITバブルの崩壊を予言した著書『根拠なき熱狂』で知られるロバート・J・シラー（イェール大学教授、2013年度のノーベル経済学賞を受賞）は、最近、金融リスクのマネジメントに関する理論が格段に進歩したことを理由に、「時間をかけて危機への対処法を学んでいけば、将来はうまく対応できるようになるものだ」と述べている（同書、198ページ）。シラーは、情報技術の発展がいろいろな分野でのリスク管理を達成しやすくなるはずだ、とかなり楽観的な未来図を描いている。

ロバート・M・ソロー（MIT名誉教授、1987年度のノーベル経済学賞を受賞）も、資源不足や環境ストレスなどの不安要因や、資本の民主化や新興国の人口増加などの課題はあるものの、自分の予測が「適度に楽観的」であることを認めている（同書、236ページ）。

だが、それほど明るい未来を描いてもよいのかという疑問は残るだろう。ジョン・E・

ローマー（イェール大学教授）は、「気象変動の課題に取り組むには南の世界の成長を北の世界よりも遅らせず、しかも北の厚生の年間成長率に実質1％の上限を設ける形で協定をまとめるべきだ」（同書、174ページ）と主張しているが、その当人でさえ、共和党のイデオロギーがアメリカ国民の半分を支配している限り実現は難しいと判断している。それゆえに、あえて「過去40年間にわたって自由放任主義や個人主義的なイデオロギーにおぼれてきたアメリカ人の目を覚ますためには、失業や富の破壊が大々的な規模で行なわれる必要があるだろう」という、かなりショッキングな警告も与えているのだろう（同書、175ページ）。

一体、エドワード・L・グレイザー（ハーバード大学教授）によれば、繁栄の結果、社会は「自己防衛型」になってしまったが、そのような社会は「変化」を拒み、現状肯定的になる傾向をもっている。「自己防衛のふたつの重要な側面、すなわち医療と国防の予算をねん出するために巨額の税金が課され、変化を阻む大きな障壁が設けられる社会は、未来よりも過去を大事にしている」と（同書、137ページ）。グレイザーは、裕福になれば人間の道徳性が向上するわけでもないし、グローバリゼーションや新しいテクノロジーがかえって不平等を拡大しているとも述べているが、それにもかかわらず、「私は未来の可能性を信じる」（同書、137ページ）というように、悲観一辺倒にも陥っていない。

100年後の未来を「経済学」だけで予測するのは難しいという指摘もあるだろう。確かにそうだ。本書の寄稿者たちも、そのことに気づいていないわけでは決してない。とくに、「政治」をめぐる不確実性が、未来図を大きく塗り替えるからだ。短期的な経済予測と違って、100年後ともなれば、大半の寄稿者が気象変動の問題に触れていることも意外ではないが、100年後というよりも数十年先の未来図をそのまま100年先にも引き延ばしているような感は否めない。経済学者ばかりでなく、社会学者や心理学者など各分野の専門家にも寄稿させたほうがもっと興味深い読み物になったかもしれない。

田代櫂『リヒャルト・シュトラウス』（春秋社、2014年）

2014年は、ドイツの作曲家リヒャルト・シュトラウス（1864－1949）の生誕150年に当たっていた。ヨーロッパではいくつかの記事が出ているのをみた(1)。ところが、クラシック音楽は長く聴いてきたものの、これまでリヒャルト・シュトラウスが一番好きという愛好家には出会ったことがない。

彼が後期ロマン派の最後の大物であることは間違いないが、彼の「人物」については、アルマ・マーラーその他が「守銭奴」的な性格を広めたために、いまだにそのイメージが消えないし、度を越えた「恐妻家」としての側面も多くの証言者があちこちで広めてきた。私自身もそのような文章はいくらでも読んできたので、いまだにそのようなシュトラウス観の影響を受けていると思う。しかし、田代櫂氏の力作『リヒャルト・シュトラウス――鳴り響く落日』(春秋社)は、それらがいかに誤解に基づくものであるか、彼の全生涯を辿りながら、ひとつひとつ再吟味している。もちろん、本書によってシュトラウスのマイナスの側面が一掃されたわけではないだろうが、生誕150年という機会に、本書のようにシュトラウスの真の像に迫ろうとした本が出たことはタイムリーであったと言えよう。

本書を読んで改めて気づいたことがある。クラシック音楽の愛好家でも、シュトラウスといえば、「ドン・ファン」「英雄の生涯」などの交響詩、「サロメ」「エレクトラ」「薔薇の騎士」などのオペラ、晩年の「四つの最後の歌」「オーボエ協奏曲」などを知っているだけで、初期のピアノ曲や歌曲などまで全部聴いたというひとはきわめて稀だということだ。著者はそれらをすべて聴いた上で「ヨーロッパの最も豊穣な果実」であると表現している(同書、24ページ)。そして、鬼才グレン・グールドがシュトラウスを高く評価していたことを紹介している。確かに、グールドがそのように発言していたのは覚えがあるが、グールドで主に聴いたのはバッハで、シュトラウスではなかった(2)。つまり、私も、シュトラウスの音楽についてごく一部しか知らないわけだ。

本書の内容を全部紹介することはとても無理だが、時系列でシュトラウスの作品と時代を追っているので、関心のあるところから読んでみるのもひとつの方法である。私は、交響詩に区切りをつけたシュトラウスがオペラへと向かう第4章「オペラの季節」を興味深く読んだ。

「薔薇の騎士」をめぐるホーフマンスタールとの協同と確執が描かれた部分は、オペラ・ファンなら誰もが関心があるだろう。ホーフマンスタールがある手紙のなかで、シュトラウスのことを「信じられないほどがさつな男だ」と表現しているかといえば、他方シュトラウスは、ホーフマンスタールの台本について、オペラの台本は第二幕の効果が弱いと失敗するのだと批判し、「劇の運びを緊密にするために、オックスとオクタヴィアンの決闘の場面を加えるよう提案した」とある（同書、178ページ）。結局、シュトラウスの要求が通った。

著者は、「時代や聴衆の好みに応じることに、シュトラウスは何の疑問も持たなかった」（同書、175ページ）と書いているが、シュトラウスは、19世紀末のロココ趣味、ヴァーグナーの楽劇に飽きて喜劇オペラを求め始めた聴衆の嗜好の変化を見事に捉えたのである。もちろん、何にでも対応できるシュトラウスの職人芸があればこそできたことである。初演は大成功だったが、批評家はあまり褒めなかったらしい。「コミック・オペラとしては退屈だ」とか、「シュトラウスは大衆におもねっている」とか評されたと（同書、185ページ）。

第6章「作曲家の日常」も読ませる。ハンス・ホッター（バリトン歌手）は、「シュトラウスには有無を言わせない面と、同時に社交的な面があり、愛想が良過ぎたり、隙がなさ過ぎたりした」といっていたが（同書、254ページ）、芸術家が多少ともこのような性格をもっているのは珍しくはない。そして、著者は、「実利的で利己的で商売熱心だった」ということは、現代のミュージカル作曲家の世界では当たり前のことで、特段非難すべきことではないという（同書、254ページ）。

反ユダヤ主義的な環境のなかで育ったにもかかわらず、人種差別せずユダヤ人のホーフマンスタール、作曲家のグスタフ・マーラーなどと付き合えたのは、「芸術家としての徹底したエゴイズム」が彼の底流に流れていたからだという（同書、254ページ）。「芸術家としてのエゴイズム」とは、人間には才能ある者と才能のない者の二種類しかいなく、才能があればどんな人種のひとであってもかまわないという考え方のようだが、逆に、シュトラウスがあまりに率直過ぎたことがマーラーのような繊細なひとを傷つけることもあったという（同書、255ページ）。

シュトラウスがヴェルディを高く評価し、プッチーニを嫌ったというのも興味深い。クレメンス・クラウス（指揮者）がプッチーニの「ラ・ボエーム」を褒めたとき、次のように答えたという。「そう、実に美しい――メロディは――メロディだけは！」と（同書、262ページ）。

シュトラウスの妻パウリーネも、あまりにも率直だったために、マーラー夫妻やホーフマンスタール夫妻に嫌われたが、著者によれば、パウリーネが無教養だというのは偏見で、記憶力に優れ、歴史や伝記などを好んで読んでいたという（同書、265ページ）。どうもシュトラウスは「悪妻」に翻弄された「夫」を演じて楽しんでいたようなふしがある（もっとも、パウリーネがときに「癇癪の発作」を抑制できなかったことは確かなようだが）。パウリーネは、シュトラウスが仕事に専念できる環境をつくるために献身的に奉仕していた。それゆえ、著者は、「シュトラウスに関する定説が、また一つ訂正されねばならない。彼の結婚は幸福だった」と結論づけている（同書、270ページ）。

第8章「第三帝国に生きる」は、いまだに最も問題含みかもしれない。シュトラウスが帝国音楽局総裁を引き受けたのは、著作権に関する改革案（著作権保護をベルヌ条約に準じて30年から50年に延長すること）を通したかったからであり、その在任中、音楽局からのユダヤ人除名通知に一通も署名しなかったと彼を擁護する声がある一方で、彼が国外の報道機関にはヒトラー独裁政権を代表する芸術家と見なされていたこともまた事実である。さらに厄介なことに、彼の息子がユダヤ人の女性と結婚していたこと（つまり孫たちはユダヤ人の血筋を引いていたこと）がシュトラウスの言動を微妙なものにした。

著者は、第7章「独裁前夜」を次のような文章でむすんでいるが、これでもまた納得しないひとは残るだろう。「シュトラウスが息子夫婦と孫たちを守るために、ナチスに対する面従腹背という、終りの見えない過酷なゲームが待っていた。シュトラウスが確信的なナチでない以上、その地位はいわば捕虜の頭目のようなものだった。これ以後のシュトラウスの行動は、まさに妥協とサボタージュの繰り返しなのである」と（同書、３０７ページ）。

私が本書に関心をもったのは、ある地方紙の読書面（電子版）に短評が載っていたからだが、「短評」では本書の全体像は全くわからなかった。読了して大書評で取り上げていてもよいほどの力作であることに気づいた。リヒャルト・シュトラウスの音楽は、たしかに、「サロメ」や「エレクトラ」までは「前衛」に近づいたが、それ以降、なぜか未来よりは過去に向かった。彼が音楽の大衆化を嘆き、19世紀的なブルジョアの世界観をオペラの形で表現しようとしたという著者の理解は間違っていないのだろうが、なぜかという疑問は残る。

「生粋のバイエルン人である彼は、保守的であることを避けられなかった」「のどかで美しい国で、それなりに自足して暮らす彼らは、進歩や変革を必要としないのである」「彼は終生、調性による音楽を書き続けたが、いわばそれが彼の母国語だからである」――このような著者の理解もおそらくは真実に近いのだろうが（同書、25ページ）、結果的に、第二次世界大戦後、現代音楽が前衛化していく過程で、シュトラウスの音楽は「反動」と形容されるようになった。シュトラウスの評価や好き嫌いが分かれるのは、この辺に秘密があるのだろう。

現代音楽には何の影響も与えなかったけれども、「彼のいない20世紀はどんなにか貧しいだろう」（同書、26ページ）という著者の言葉には共感するし、生誕150年を契機にシュトラウス再評価がおこなわれるのを期待したいが、そうはいっても、シュトラウスを聴こうとしていつも「薔薇の騎士」や交響詩を取り出してしまう自分を発見するとき、一度出来上がったイメージを払拭するのがいかに難しいかを再認識する。熟読に値する力作である。

注

（1） https://www.events.at/e/richard-strauss-und-die-oper
http://www.francemusique.fr/classique/richard-strauss-cet-inconnu-42639
（2） 最近、初期のピアノ曲や室内楽曲を取り上げた評価の高いＣＤが出た。
http://tower.jp/item/3657030/

仲道郁代『ピアニストはおもしろい』（春秋社、２０１５年）

ピアニストの仲道郁代さんがデビューしたのは、たぶん私の学生時代だったと思うが、折に触れて実演を聴いてきた。まとまった文章を読むのは初めてなので、これまで知らなかったことを多く教えられた。

仲道さんは、幼い頃から、「右手の親指を鍵盤下において支えにして弾く方法」（同書、7ページの写真を参照）をいつの間にか身につけてしまったようだが、確かに、コンサートホールで近くから観ていると、そのように弾いているのがわかる。だが、このような奏法が、「モーツァルト以前には主流だった」とは知らなかった。当の仲道さん自身でさえ、「つい最近」知ったというのだから、私たちが知らなくとも不思議ではないのだけれども（同書、6ページ）。

小柄なピアニストで最初は上がり症だったという彼女が、ジュネーブ国際コンクール最高位、メンデルスゾーン・コンクール第1位、エリザベート王妃国際コンクール入賞という輝かしい経歴を築いていくには大変な努力が必要だったと思われるが、その頃を振り返って、彼女はこんなことを言っている（同書、82ページ）。

日本のコンクールを経て、人前で演奏することの苦しみを味わい、留学し、音楽の本質を改めて考えた私が国際コンクールを受けたその時の気持ち。それは、競争といわれる場であっても、私は音楽を平常心ですることができるのか、ということへの挑戦だった。

そして、自身の音楽を追求していったその先に、国際と言われる場でそれが通用するのか、ということ。クラシック音楽の本場という、歴史と伝統を生活とともに培ってきた人たちへの耳に心に私の音は語ることができるのかということ。それが大事なことだった。

このように考えていたので、国際コンクールで何位になるかはどうでもよいことだったと言ったあとで、しかし己に厳しい彼女はそれは甘い考えであったと反省している。「コンクールを受けるからには、トップを目指して何が何でも頑張るべきだった。コンクールとはそういうものなのだ。それがコンクールを受ける意味である。もし次の人生があるとしたら、この人生の教訓をいかしてそうすることにしようと思う」と（同書、82ページ）。

さて、本書に収められた「子連れピアニスト」になってからの日記も面白いが、何でも一生懸命にやろうという性格は、ときに大変な疲労やストレスとなって身体の負担になったに違いない。ピアニストは世界中を演奏して回る。必然的に「歩く引っ越し親子」（同書、134ページ）にならざるを得ない。人には言えない苦労もあっただろう。その娘さんも大学生となり、ようやく少しはゆとりができたのだろうか。

現在も、私にとっては、どこにいてもピアノがあればそこが練習所。家でなければ集中できないということはまったくない。（同書、137ページ）

その他、古楽器による演奏（つまり、モーツァルトやショパンなどの時代に使われていたピアノでの演奏）に開眼してからの研究の日々、弾き振りの経験、作曲家の諸井誠氏とのベートーヴェン（ピアノ・ソナタ）のレクチャーコンサート、等々、仲道さんのファンなら知りたい情報が本書にはたくさん詰まっている。

私が関心をもって読んだのは、「社会の中のピアニスト」を意識して、仲道さんが子供のための公演やレクチャーコンサート、各地の学校に出向いておこなう「アウトリーチ」や公共ホールを使った「ワークショップ」などに力を入れてきたところである。往年の名ピアニストのなかには俗世間を嫌った天才や鬼才がけっこういたものだが、仲道さんはレクチャーコンサートではよく喋り、聴衆を楽しませながらも自身は決して手を抜かない「真面目な」ピアニストである。そんな彼女が次のように言っているのが実に興味深い。

誤解を恐れずに言えば、演奏って「偉大な遊び」だと私は思う。芸術と呼ばれているものは、おしなべてそう言えるのではないだろうか。「ある曲をこんな観点から解釈したら、どう捉えられる」ということを延々と考えて遊べるからこそ、クラシックは面白い。それなくして偉大な先人に追いつこうとしても、それは単なる真似ごとに過ぎなく

なってしまう。（同書、228ページ）

一読したあと、本書のタイトルのように、「ピアニストはおもしろい」と思った読者が多ければ、本書は大成功と言えるのではないだろうか。

門松秀樹『明治維新と幕臣――「ノンキャリア」の底力』（中公新書、2014年）

幕末維新の歴史研究も多様化してきたようだ。昔は、明治維新というと「三傑」と呼ばれた西郷隆盛、大久保利通、木戸孝允のような「英雄」を中心とする歴史小説や啓蒙書が売れていたものだが、「勝者」となった薩長土肥などを中核とする明治政府が編んだ歴史では、当然ながら、「進取の気風に富む西国雄藩」vs「旧態依然たる江戸幕府」という紋切り型の図式が描かれていた。

だが、幕府が本当に「旧態依然」の状態だったのかといえば、事実はそうではない。私たちはすでに鳥羽・伏見の戦い以後の「結果」を知っているのでとかく短絡的に考えがちだが、当時の幕府は、慶応の改革によって洋式装備の歩兵隊が八個連隊、九六〇〇名もおり、日本随一の洋式兵力を有していた（同書、122ページ参照）。だが、一万五〇〇〇名の兵力をもった幕府軍は、三分一の兵力の新政府軍に敗れてしまった。敗因としては、「統一的な作戦指揮」がなかったとか、徳川慶喜の戦意喪失と逃亡など、いくつか挙げられているが、まだよくわからないことも多いので、「趨勢」に負けたとしか言いようがないかもしれない。

だが、明治政府の中核を占めた薩長両藩は確かに「雄藩」ではあったものの、いままで言えば、都道府県レベルでの統治経験しかなかったので、全国を統治するための組織も経験もなかったのだ。そこで明治政府はどうしたかといえば、約二六〇年にわたって全国を統治してきた江戸幕府に蓄積された組織と経験を活用し、幕臣を継続登用することであった。本書は、そのなかでも、明治政府の閣僚級のエリートになる勝海舟や榎本武揚などではなく、行政実務の中・下級ポストに登用された元小身の旗本や御家人たちに焦点を当てている。

興味深いのは、幕臣や江戸幕府以来の行政組織を一掃しなければならないと考えていた大久保利通でさえ、のちに「無能な幕臣を排除して有能な幕臣は用いるべきという結論に落ち着いている」という指摘である（同書、138ページ）。「武士は二君に仕えず」とはよく言ったものだが、そのような旧幕臣は少数派で、ほとんどの旧幕臣は明治政府での出世を望んでいたという。もちろん、比較的高禄であった旧幕臣は「忠誠心」の問題で悩むこともあったが、かつて五稜郭に立てこもって新政府軍に抵抗した榎本武揚でさえ薩摩藩出身の黒田清隆に「天皇への忠誠が徳川家への忠誠も含んだより大きな忠義」（同書、149ページ）であると説き伏せられて明治政府に出仕することになった。著者は次のように述べている。

江戸町奉行所をはじめ、様々な奉行所で行政実務の最前線にあった同心クラスの旧幕臣は、忠誠心の問題に悩むよりは、日々の生活を支えていくことをそもそも悩まなければならなかったのであろう。明治政府に出仕するか否か、明治維新後の進路に悩むことができたのは、それだけ恵まれた立場であったのかもしれず、多数の御家人などには、そもそも選択の余地はあまりなかったのかもしれない。（同書、150ページ）

本書は、蝦夷地（北海道）における旧幕臣の「ノンキャリア」の役割を詳細に紹介していて参考になるが、さらに驚くべきは、明治十二年（一八七九）二月四日の『朝野新聞』に載った「党派論」と題する論説において、薩長土肥と並んで「旧幕」が批判の対象になっていたという指摘である（同書、189ページ参照）。維新からわずか数十年しか経過しない段階で、「旧幕」が政権の中枢の一部を占めているという認識がメディアにあったということだ。「幕臣が支えた明治維新」、斬新な視点で描かれた幕末維新論として一読をすすめる。

土田宏『アメリカ50年　ケネディの夢は消えた？』（彩流社、2015年）

本書は、ケネディからオバマまでのアメリカ大統領の足跡を辿りながら、「リベラリズム」の興亡を考察した好著である。書名にも示唆されているように、著者のケネディ大統領への思い入れが最も深いことは最初に頭に入れておかねばならないが、「夢」というのは、ケネディが座右の銘としたバーナード・ショーの次の言葉のなかに出てくるものである（同書、18ページに引用）。

理想を夢見る――そして、その夢の実現のためにはどうしたらよいのかを考える。自分の力で一歩を踏み出さなければならない。

ケネディは、「豊かな国のなかの貧困」に挑戦しようとしたが、それは貧困問題が人種差別・少数民族問題と複雑に絡み合い、その解決こそがアメリカが取り組むべき最も重要な「フロンティア」だと信じていたからだった。ケネディが大統領であった頃、民主党は上下両院で過半数を維持していたが、民主党のなかにも南部出身でケネディの掲げた路線（黒人の地位の向上、労働者の待遇改善、医療費補助など）に反対する保守的な政治家が半分近くいたので、ケネディは最初から茨の道を進まなければならなかった。それでも、著者は、ケネディの「勇気と英断」によって、黒人の地位向上や人種差別撤廃に躊躇していた議会を少しずつでも動かしていったことを高く評価している。もちろん、対外関係では前政権から受け継いだキューバ上陸作戦の失敗（いわゆる「ピッグス湾事件」）や、核戦争の一歩手前までいったキューバ・ミサイル危機のように、必ずしもスムーズに進まなかった例もある。だが、ケネディが「夢」を忘れることはなかった。

ケネディ暗殺のあと副大統領から大統領へと昇格したジョンソンは、同じ民主党とはいえ、もともと南部の保守的な政治風土で育った、ケネディとは異質の政治家だった。しかし、機をみることは敏で、初期はケネディの路線を継承し、「64年公民権法」の成立に尽力した。そして、社会福祉の面で遅れていたアメリカを「偉大な社会」に作り変えようとする方向へ進んだ。だが、ベトナム戦争への深入りがジョンソンの目論見を阻んだ。

ジョンソンの挫折は、ほとんど政治生命を絶たれたかに思えたニクソンを復活させたが、大統領としてのニクソンは、「帝王制大統領」と呼ばれたように、言論・出版・報道の自由に対する干渉が目立った。その延長線上に有名な「ウォーターゲート事件」もあるが、ニクソンが辞任したあと、副大統領から大統領に昇格したフォードは、選挙の洗礼を受けなかった大統領であり、ニクソンに「完全かつ絶対的な恩赦」を与えてからは、急速に支持率を失った。このようなワシントンでの陰謀や密約などにアメリカ国民が幻滅していた時期でなければ、カーターが次の大統領に選ばれることもなかったかもしれない。カーターは、「人権外交」を掲げ、「キャンプ・デイヴィッド協定」のような中東和平に向けた努力で実績は残したが、イランのアメリカ大使館占拠事件で「不甲斐ない大統領」という烙印を押され、大統領選挙で「強いアメリカの再建」を訴えるレーガンに敗北した。

レーガンの「保守革命」は、アメリカにおけるリベラリズムの退潮を象徴する動きだった。グレナダ侵攻や「イラン・コントラ事件」のような問題はあったが、内政でも外交でも幸運に恵まれて二期八年間の任期を全うした。あらゆる意味で派手だったレーガンを継いだのは、「より親切で、やさしい国」を目指すと公言したブッシュ（父）だったが、冷戦の終結という大きな時代の流れのなかで特徴を出すことができないまま、湾岸戦争が勃発し、最後は公約違反が命取りとなってクリントンに政権を譲り渡すことになった。

クリントンは、「ベビーブーム世代」の大統領だったが、この大統領になる前から幾つものスキャンダルをなぜか無難に乗り切ってきたクリントンへの著者の評価は極めて辛い。「福祉の受給者を強制的に労働に就かせ、それによって社会福祉費を削減しようというギングリッチのかなり冷酷な政策をクリントンは簡単に認めたのだ。このように自らの立場を180度変換させて、最終的に均衡財政を達成したと大統領職を退いて10年以上になる現在もなお得意気に語っているのが、クリントンという男だ」と（同書、159ページ）。著者の眼には、民主党でありながら、ケネディの「理想」を消した政治家のように映るのだろう。クリントンのあとの大統領選挙で「接戦」を制したのはブッシュ（子）だが、二期はつとめたものの、九・一一同時多発テロ後の対テロ戦争やイラク戦争の「正当性」が疑問視される中で支持率を急速に落とし、ホワイトハウスを去った。

著者がもしかしたらケネディの「理想」を受け継いでいるかもしれないと期待を寄せている唯一の大統領が現職のオバマである。弁舌に長け、「オバマケア」と呼ばれる健康保険制度を確立した功労者だが、「ティーパーティ」という共和党内の急進派が台頭し、オバマケアを潰そうと画策している。だが、著者は、彼らはオバマケアに反対というよりは、隠れた「人種差別主義者」であり、「オバマのすることには、何でもすべて反対なのだ」と看破している（同書、193ページ）。

現在、オバマは、上下両院を共和党に抑えられて苦悩している。その上、けしからぬことに、同じ民主党のクリントン夫妻がオバマの足を引っ張るような言動を繰り返しているという。だが、ケネディ以後、「明日」のアメリカや世界を語れたのはオバマしかいなかったというのが著者の率直な評価である。過大評価かもしれないが、「国民に前を向いて、不可能を可能にするエネルギーを与えようとした点では、共通しているのだ」と（同書、201ページ）。

枯れかかった「花」を再び咲かせることができるのかどうかはわからない。だが、ケネディからオバマに至るアメリカ大統領の政治を鳥瞰した本書を読んで、近い将来におけるケネディの「夢」の実現に期待を抱くひとは決して少なくないだろう。保守派の抵抗は侮れない。いつの時代でもそうだ。しかし、それを乗り越えるだけの「勇気と英断」をオバマに求めようとする著者の熱い想いは十分に伝わってくる。

赤坂憲雄『司馬遼太郎　東北をゆく』（人文書院、2015年）

司馬遼太郎は亡くなってからも根強い人気がある作家だが、ファンなら『週刊朝日』で長いあいだ「街道をゆく」を連載していたことを知っているだろう。私も読者のひとりであった。本書は、その「街道をゆく」の中から六篇の東北紀行に的を絞り、その東北論から司馬さんの「西からの眼差し」を明らかにしようとする興味深い試みである。

このようなことは、ふだん司馬さんの歴史小説（それも東北が舞台ではないもの）を読んでいる限りはあまり思い浮かばないだろう。だが、1990年代から「東北学」を掲げてきた民俗学者の著者にとっては、司馬さんの東北論の重みは私たちとは明らかに違ってくる。しかも、三・一一以後ならばなおさらのことである。

さて、司馬さんにとっての東北は、つねに愛惜の土地としてあらわれていた。西行や芭蕉が「歌枕の旅」として東北を歩いたように、司馬さんの東北びいきも際立っていた。平安貴族がはるか遠くの陸奥に憧れたように、「西の人」である司馬さんにも似たような想いがあった。

だが、著者は、東北が日本という国家にとって「千年の植民地」であり、西の人たちにとっては「憧憬と蔑視とにひき裂かれた両義的な場所」だったことを忘れてはならないという。東北の気候は本来稲作には不利であったにもかかわらず、「弥生式農業だけが正義である」という思想がいつの間にか支配的になり、東北も水田稲作に縛られるようになった。だが、その地は稲作には不利な気候ゆえに、ときに飢饉に見舞われる。「コメ一辺倒政策の悲劇」は、日本史上何度も繰り返されてきた。著者は、司馬史観なるものを「重商主義／重農主義のせめぎ合いと葛藤」として捉えている。そして、商品経済が発展した土地である「西の人」としての司馬さんが、稲作に縛られた東北に対して「同情に満ちた批判」を繰り返したことに触れている。「沃土の民」と題する文章には、次のようにある。「商品経済がさかんであればひとびとの思考法も多様になり、発想が単一的でなくなるばかりか、斬新な思想や発明も生まれる」と（同書、69ページに引用）。近世の仙台藩が「沃土の地」であったばかりに殖産興業に消極的で、「近代への開幕のひらき手」とはならなかったことが同時に指摘される。

幕末の戊辰戦争では、とくに会津藩が標的にされ、薩長によって農地の開拓には全く向かない斗南藩へと移された。ある長州の士官が「白河以北、一山百文」と言い放ったように、東北は「内なる植民地」として再編されていく。司馬さんの義憤も想像に余りあるが、三・

一一のあと、「植民地」の問題が決して過去の話ではないことが明らかになった。著者は次のように言っている。「東京で使う電気やエネルギーを、遠く離れた福島の原発が供給しているというきわめて中央集権的なシステムのなかに、ある種の『植民地性』が見え隠れしていると感じてきた。あるいは、やはり震災後に、東北は日本の製造業の拠点であるという物言いに出会って、違和感を覚えずにはいられなかった」と（同書、118ページ）。

著者が東北紀行を読み直して、「司馬が抱え込んでいた、会津への、東北への贖罪意識」が「司馬その人の精神の深みに根ざしていた」と指摘しているのは慧眼である。秋田紀行の片隅に、イデオロギーとは「正義体系」であり、「理性による批判をゆるさぬ教理・教条」を振りかざすという箇所があるが、著者がいうように、司馬さんはそのような「正義体系」には極めて冷淡であった。そして、著者は、そのような司馬さんの眼差しに心から共感しているのである。

本書を読むことは必ずしも楽しくはないかもしれない。東北人にとっては特にそうだ。だが、司馬遼太郎論でこのような本が書けるとは思ってもみなかった。深く考えさせられる力作である。

佐渡裕『棒を振る人生――指揮者は時間を彫刻する』（PHP新書、2014年）

本書は、世界的に活躍する指揮者・佐渡裕さんの音楽や指揮についての考え方をわかりやすくまとめたものだが、私が一番衝撃を受けたのは、武満徹（1930－96）が、生前、好きな作曲家として「デューク・エリントン」を挙げた上で、次のように語ったという件だ（同書、113ページ）。

> ハ長調ほど美しいものはない。ドミソほど美しいものはありません。

もちろん、音楽を専門的に勉強するには、もっと複雑で演奏も難しい曲をたくさん吸収しなければならないだろう。しかし、本書のモチーフは、あえて言えば、このハ長調の自然な美しさを読者に伝えようとしたものだと思う。

佐渡さんは、すでに海外の一流オーケストラを何度も振ってきて、2015年秋からはウィーンに本拠を置いたトーンキュンストラー管弦楽団の音楽監督に就任することが決まっているが、他方で若い音楽家やユースオーケストラなどへの指導も精力的に続けている。両方の活動に優劣はないというのが信念のひとだ。「1万人の第九」には老若男女が参加しているが、「本当に大切なことは、小さな子供からおじいちゃん、おばあちゃんまでが一緒になって音楽をつくるということだ。一緒に音楽をつくりながら、ここで生きているということだ」と強調している（同書、159ページ）。

もちろん、実績を積んだ指揮者の本だから、多少クラシック音楽に詳しいひとにも面白いエピソードが随所に紹介してある。とくに興味深いのは、師匠のレナード・バーンスタインが、ヨーロッパ楽壇の「帝王」と呼ばれたヘルベルト・フォン・カラヤンについて語った言葉だ。バーンスタインは、1979年、ベルリン芸術週間においてベルリン・フィルとマーラーの第9番を演奏し、絶賛を浴びたが、その直後にカラヤンもベルリン・フィルと同じ曲を録音した。

バーンスタインは、冗談交じりとはいえ、佐渡さんにこう言ったらしい（同書、87ページ）。「私は泥棒がいる間は、ベルリン・フィルを演奏することはない」と。どうも「自分が演奏したパート譜やヴァイオリンの弓付け（弓使いの取り決め）を使ってカラヤンは録音した」ということのようだが、真偽のほどは明らかではない。バーンスタインのように「権力欲」

には淡白のようにみえる音楽家でも、さすがにカラヤンへの対抗心は内心強かったようだ。佐渡さんは、指揮者を「音楽を扱う職人」として捉えており、「芸術家」とは決して呼んでいない。「楽譜という設計図をもとに、なかなか思い通りにはならないヴァイオリンやフルートの専門家たちを動かして、地道に音を組み立てていく。その作業はむしろ現場監督の仕事に近い」と（同書、99ページ）。そして、「この指揮者と一緒に音楽をしたい」と思えるかどうかが決定的に重要だと言っている（同書、100ページ）。カラヤンのように「帝王」として君臨するのではなく、オーケストラのメンバーとともに一緒に音楽をつくり上げていくという現代の若い指揮者に共通してみられる特徴かもしれないが、佐渡さんの場合は、阪神大震災や東日本大震災のあと被災地で演奏してきた経験から学んだものがプラスされているようだ。佐渡さんは、無宗教だとはことわっているが、もし神様がいるのだとしたら、「人間は一緒に生きていくことが、本来の姿なんだよ」と教えるために音楽をつくったのではないかと述べている（同書、212ページ）。

指揮者・佐渡裕の音楽人生論として一読をすすめたい。

佐々木克『幕末史』（ちくま新書、2014年）

淡々とした語り口で、味わい深い「幕末史」である。著者は、ここ数年、大腸癌を患って抗癌剤点滴を受けながら執筆を続けてきたが、体調が万全とは言えないだけに、これだけは語り残さなければならない史実に的を絞って書いているように思える。もちろん、幕末史の重要な出来事はほとんどすべて網羅されているが、一本の柱だけは確実に見てとれる。それは、一言でいえば、「欧米列強にたいして手も足も出すことができなかった軍事的弱小国家日本が、屈辱をバネにして立ち直って近代化を達成した、国家建設の物語」である（同書、「あとがき」341ページ）。

本書を読んで教えられたのは、幕末の史料に「攘夷」という言葉がいろいろな意味で使われていることが混乱のもとになっているという指摘である。著者によれば、幕末には「条約改正」という言葉がないので、欧米列強との条約をめぐる交渉も同じ「攘夷」という言葉が使われているという（同書、079ページ参照）。ということは、外国嫌いであった孝明天皇も、現在使われている意味での「攘夷」一徹の立場ではないということだ。

外国との戦争は絶対に避けること。これが天皇の固い意思だった。だから「攘夷の策略」とは武力で外国を排除することではない。外交交渉で通商条約を解消し、改めて対等な条約を結びなおす。それが困難なら、部分的な改正を実現する。これが天皇の破約攘夷なのである。近代の言葉では条約改正であるが、幕末では攘夷と表現する。すなわち条約改正の手続・方法について、衆議をつくして良策を案出してほしい、ということだった。（同書、090ページ）

この理解によると、「公武合体派」と「尊攘派」の区別も誤解を招きやすい。禁門の変は、公武合体派（薩摩と会津）が尊攘派（長州）を京都から追放したクーデターだったのではない。著者によれば、薩摩と会津は破約攘夷の成功を望んでいたという意味では「尊王攘夷論者」であり、長州も朝廷・幕府・藩の一致協力による破約攘夷を主張しているという意味では「公武合体論者」である。単純なグループ分けこそが問題なのだという（同書、123ページ参照）。

いま何が緊急かつ重要な問題なのか。その問題設定によって立ち位置がかわり、発言に濃淡があらわれる。何々派だから、このような意見になるというのではない。これが幕末の政治世界なのであり、政党政治の時代ではないのだ。民衆を含めて、圧倒的多数の人々が不平等条約を不満として、破約攘夷を望んでいた。したがって日本人のほとんどが「尊王攘夷派」でもあったのである。（同書、123-124ページ）

だが、条約改正をなんとか成し遂げたあとの近代日本は、「国家防衛」のための軍拡が、次第に「外征を想定した健軍構想」に転化していく。「そして日本をよみがえらせるために「挙国一致」で立ち向かおうとのスローガンが、国民を総動員して戦争を続行するための「挙国一致」に転化した。これもまた、近代の明暗を映し出した、日本の姿だったのである」と本書は結ばれている（同書、338-339ページ）。

本書は、このように、幕末史を紋切り型のキーワードで理解してはならないことを具体例をもって教えてくれる好著である。もちろん、「破約攘夷」の先にあるものがアジアで唯一欧米列強の一員に入ることだったとすれば、明治政府による近代化とは何のためだったのかと疑問をもつ読者もいるだろうが、本書の中心はあくまで「幕末史」であり、明治以降の近代日本の歩みには少ないページ数しか費やされていない。新書としては分厚いが、多くを考えさせてくれる幕末史である。

舘野泉『ピアニスト舘野泉の生きる力』（六耀社、2013年）

ピアノはふつう両手で弾く楽器である。もしピアニストが片手でしかピアノを弾けなくなったらどうなるか。ある人は悲嘆にくれ、生きていく意欲を失うかもしれない。

本書（『ピアニスト舘野泉の生きる力』「ソリストの思考術」第八巻、六耀社、2013年）の著者・舘野泉氏も、2002年タンペレというフィンランド第二の都市でリサイタルの最後の曲を弾いていたとき、突然右手の動きがおかしくなり、演奏後に倒れてしまった。脳溢血である。演奏生活40周年記念コンサートが済んだばかりのピアニストが右半身の麻痺という現実に直面した。それから治療とリハビリの生活が続いたが、日常生活にはそれほど差し障りはなくとも、右手が自由に使えないという現実は変わらなかった。だが、舘野氏は決して諦めなかった。

2年ほど経ったとき、アメリカ留学から帰ってきた息子さんがブリッジの「左手のための

3つのインプロヴィゼーション」の楽譜を置いていった。それがきっかけで左手だけでもピアノが弾ける作品を探し求め、さらには知り合いで尊敬する作曲家（間宮芳生氏やノルドグレン氏など）にも左手で弾ける作品の作曲を依頼するようになった。左手のピアニストとして復帰するという前向きの思考に替わった瞬間だった。ピアノは両手で弾くものという固定観念から抜け出せなかった頃は、「絶望や苦悩ではなく、実体実感のない日々」を過ごしていたが、「それが一瞬にして活き活きした己に戻ったのである」（同書、16ページ）。

舘野氏は、若い頃からフィンランドに渡り、シベリウス・アカデミーの教授もつとめたので、「北欧のピアニスト」というレッテルを貼られることが多かった。たしかに、北欧の文学に憧れてかの地に行ったのは事実だったが、他の国の音楽もちゃんと弾いてきたのに「北欧」という形容がつくことには辟易していたらしい。実際、若い頃はコハンスキーと安川加寿子という二人の師から北欧以外の音楽もたくさん学んできたのだから、その気持はよくわかる。しかし、フィンランド人でさえ忘れかけていたその国のピアノ作品を掘り起こし、実際のコンサートで演奏してきた実績や、もともと日本や西欧から適当な距離を置いて孤独でいられる場所としてフィンランドを選んだという経緯から考えても、世間が「北欧」あるいは「フィンランド」のピアニストと呼んだとしてもある程度仕方がなかったかもしれない。

おそらく、血気盛んな若い頃と違って、脳溢血による闘病を経験したあと左手のピアニストとして甦った、現在の（喜寿に達した）舘野氏には、その言葉はそれほど違和感なく響くのではあるまいか。

もちろん、誤解を招かないように急いで付け加えるが、舘野氏は、両手でピアノを弾いていた頃から日本人の作曲家による作品を積極的にコンサートで演奏してきたピアニストのひとりであった。間宮芳生、末松保雄、吉松隆、林光、等々、舘野氏が取り上げてきた日本人の作曲家は決して少なくない。そのような親交があったおかげで、左手のピアニストとして復帰してからも、彼らがすすんで舘野氏のための新曲を書いてくれたわけである。

ピアニストには「型」があるといわれることがあるが、本書を読んでいて興味深かったのは、舘野氏が「毎回同じように弾こう」とは思っておらず、「毎回、何をどう弾くかということを、予め決めてかからずに演奏に臨むことにしている」と明言していることである（同書、128ページ）。ジャズとは違うので、即興でつないでいくというのとは意味が違うだろう。舘野氏によれば、何回も弾いて手慣れた曲でも、なにか「つかみたいもの」があるはずで、毎日がそれを追い求める「音楽との取っ組み合いの日々」なのだという（同書、131ページ）。「安心してしまったら、それでおしまいの世界でもある」と（同書、134ページ）。

淡々と語ってはいるが、左手のピアニストとして甦るまでには、ひとに言えない苦労があったはずだ。だが、「演奏家なんて、所詮水商売である」（同書、192ページ）とか、「音楽も奏でられてこそ音楽である」（同書、193ページ）という言葉からは、一見ぶっきらぼうでも一つの芯が通っているように思える。本書の最後の言葉がそれを如実に物語っているかのようだ。

僕は体全体を使ってピアノを弾いている。ピアノは指で弾いているのではなく、呼吸で弾いていると思う。心で呼吸するように音楽を続けることができれば、僕はこれからも生きていける。（同書、195ページ）

舘野泉氏の公式ホームページ

http://www.izumi-tateno.com/

ロバート・ライシュ『格差と民主主義』（雨宮寛／今井章子訳、東洋経済新報社、2014年）

トマ・ピケティの『21世紀の資本』（2013年）の話題がいまだに論壇で飛び交っているが、本書も「格差」を問題にしている話題作だ。著者のロバート・ライシュは、クリントン政権の労働長官をつとめた経済学者で、いまはカリフォルニア大学バークレー校公共政策大学院教授として教鞭をとっている。(1) すでに『暴走する資本主義』『勝者の代償』（ともに東洋経済新報社刊）などの著書で日本の読者にもお馴染の名前である。

本書の特徴は、「格差」の問題を「民主主義」を取り戻すことによって解決する糸口を見つけようとするところにあると言える。このようなスタンスは以前の著書にも共通してみられるが、ごく一握りの富裕層とそうでない人たちとの格差が広がり、「アメリカン・ドリーム」が過去のものとなった現在、著者の主張もより緊迫度を増したように思える。「上層部がいかなる失敗を犯しても巨額の報酬を手にする一方で、残りの国民がいくら懸命に努力してもひどい目に遭うようなあり様で、自由経済システムは生き残られるのかが試されているのだ」と（同書、37ページ）。

著者は、この問題の解決を妨げているのは、現代アメリカ政治の「歪み」だとみている。国民を保護するべきなのに、大企業の利益を保護している規制当局、大企業やウォール街によって支配される政治など、「民主主義」が巨額の資金によって乗っ取られているのだ。富裕層への減税が進む一方で、中低所得層への増税がおこなわれるような政治は健全とはいえない。問題の本質が「経済」よりも「政治」にあるという考えは、著者の専門が「政治経済学」にあることと無関係ではないが、逆にいえば、「政治」が「民主主義」を回復する方向に動けば問題解決へと前進することができるというメッセージでもある。

著者は、もちろん、民主党寄りの立場なので、共和党内に19世紀末の「社会ダーウィン主義」が復活している現状への危機感を表明しているが、しかし、民主党もかつてほどのリベラル色は薄くなっているのではないだろうか。著者のいう「民主主義」とは、単に選挙で投票することだけではない。問題を真に解決するには、「投票日の翌日こそが本当の始まりである。そのときにこそ進歩派は、決然として高らかに声を挙げ、新任の議員たちに圧力をかけ、それを続けるべきなのである」と説いている（同書、176-177ページ）。

現代アメリカ政治は、著者によれば、「前進」的で「公共の利益」を重んずる勢力と、「逆進」的で「社会ダーウィン主義」を奉ずる勢力との対立によって動いている。もちろん、前者の立場に立つ著者は、「私たちは後ろ向きには進まない」「不正なゲームを許すこともない」という信念をもって活動し続けることが重要なのだという（同書、202ページ）。それを諦めたとき、「民主主義」も終わる。「理想から逸脱した経済と民主主義のあり方」（同書、204ページ）にブレーキをかけ、それを克服するための不断の努力が必要だと繰り返し主張している。

本書は、「経済分析」というよりは、いわばガルブレイス流の「政治経済学」のよきサンプルと言ってよいが、アメリカではこのような経済学の伝統も決して消滅したわけではない。訳文は読みやすく、主張も明快なので、関心のある読者に一読をすすめたい。

注

（1）　http://robertreich.org/

前島良雄『マーラーを識る　神話・伝説・俗説の呪縛を解く』（アルファベータ、2014年）

グスタフ・マーラーは、現在、クラシック音楽の世界で最も人気のある作曲家のひとりである。自分がもっているマーラーの交響曲全集だけでも両手では数えられないから、プロや熱烈なファンならもっとたくさんの全集を聴いてきたに違いない。しかし、本書は、マーラーの「標題」付の交響曲やマーラーについてあたかも「定説」であるがごとく語られていることの多くが誤解か全くの誤りであることを解き明かそうとした野心作である。

もっとも、信頼に足る内外の研究文献を読んできた人たちにとっては、それほど「新説」というわけではないだろうが、マーラーの真意が日本のレコード産業の「営業政策」によって歪められてきたことをわかりやすく提示した意義は小さくない。

例えば、交響曲第1番に「巨人」というタイトルを付けるのは誤りであること。正確に言うと、交響曲第1番のもとになった5楽章からなる「交響詩」に一時「巨人」というタイトルが付けられたが、4楽章の交響曲として世に出たときには消えていること。交響曲第2番の「復活」、第7番の「夜の歌」、第8番の「千人の交響曲」も同様である。

ところが、皮肉なことに、マーラーが作曲の初めの段階からタイトル案を考えてきた第3番がふつうタイトル付で語られることはほとんどない。すなわち、タイトル案には、「夏の朝の夢」「夏の真昼の夢」「悦ばしき知識」があったが、最終的には、「夏の真昼の夢」に落ち着いたという。

さらに、著者は、夫人であったアルマや「同志」といってもよい指揮者のブルーノ・ワルターなどの回想が誤解を招きやすかった（もっというと、恣意的な解釈や事実の歪曲などが含まれていた）として、もっと慎重に扱うように何度も注意を喚起している。とくに、交響曲第9番は、実は、とても幸福な日々のなかで作曲されたものであり、アルマがいうように、当時のマーラーが「死の影の下」にあったというのは事実に反すると指摘している。

マーラーに限ったことではなく、また、この交響曲第9番に限ったことでもないのだが、作品を実生活に還元したりというのは、あまりにも素朴すぎる姿勢であろう。芸術作品と作者との関係はそんなに単純なものではない。まして、「クラシック音楽」といわれる中でも特に特徴的な「交響曲」というものが、作曲家の現実を一義的に映し出す

などということはまずあり得ないのではないか。（同書、197ページ）

同感である。しかし、マーラーの死から100年以上も経過し、その後マーラー研究が着実に進んだにもかかわらず、このようなことを言わなければならないというのは驚きである。作曲家の夫人の回想や親しかったひとの証言がひとを誤りに導くよい例かもしれない。ところで、20世紀前半の名指揮者ヴィルヘルム・フルトヴェングラーは、「さすらう若人の歌」（フィッシャー＝ディスカウの歌唱が有名）の録音を除いて、あまりマーラーを振っているような印象はないが、記録を調べると（同書、190ページ参照）、通算では、第1番7回、第2番3回、第3番7回、第4番4回というように、決して敬遠していたわけではない（ただし、彼がマーラーを最も指揮した時期は、1919年秋から1921年秋にかけてだという）。

だが、1940年代終わり頃からフルトヴェングラーのマーラー演奏が減っていくのは、マーラーの「ユダヤ性」を強調し、ゲルマン系の指揮者の起用を避けるようなレコード産業の思惑が関係していたのではないかと著者は推測している（同書、192ページ参照）。あり得るかもしれない。

偉大な人物には、分野を限らず、「俗説」「誤解」「歪曲」がつきまとう。マーラーもその例外ではないといってしまえばそれまでだが、本書は、信頼性の高い証拠を提示しながらそれらを取り除こうと努力している。マーラー入門というよりは、ある程度、「標題」付のマーラーの交響曲に親しんできた音楽ファンに読まれるべきだろう。

モニカ・シュテークマン『クララ・シューマン』（玉川裕子訳、春秋社、2014年）

クララ・シューマン（1819–96）の音楽は、数は多くないが、幾つかの優れた演奏がCDになっている。最近よく聴いているのは、江崎昌子さん（ピアニスト）が弾いたアルバムだが、(1) 一般には、いまだに夫ローベルトの影に隠れた存在であるかもしれない。けれども、クララの伝記を読むと、最初は父親フリードリヒ・ヴィークによって英才教育を受けたクララのほうがピアニストとしても作曲家としても先を行っていたことがよくわかる。

本書は近年のクララ研究の重要文献を渉猟した上で書かれているので、安心して読むことができるが、ハイライトは、ローベルトとの出会いによってクララのその後の人生が全く違うコースを進んでしまったことを詳細に描いていることだろう。クララの父親は、将来性も定かではないローベルトとの結婚に徹底して反対し、裁判沙汰のような醜い諍いにもなった。クララ自身も、ローベルトの精神状態が不安定であることを重々承知していたので、自分たちの生活が何の支障もなく軌道に乗るとは思っていなかったふしがある。それでも、クララは結婚を選んだし、父親と対立しながらも、自分を厳しく鍛えてくれた父親を優れた教師としてつねに尊敬していたという。

「芸術家と主婦を両立させる」のは、当時も今も簡単なことではなかった。クララは、「音楽を打ち棄てておくことはできない。そんなことをしたら私は永遠に自分を非難し続けることになるだろう！」と考えていたが、一方のローベルトは、「君が外で演奏することをきっぱりやめてくれたら、僕が密かに抱いている最大の願いがかなうことになるのだが」というような夫だった（同書、72－73ページ）。しかし、生活費を稼ぐためにも、クララは音楽家として仕事をし続けなければならなかった。ローベルトは、そのことがわかっていながら、内心鬱々とした気持になるのである。二人の結婚が、「幸福」だったのか「悲劇」だったのか、他人にはよくわからない。

ローベルトは、1856年7月には亡くなってしまうが、その後のクララは子育てのためにも生活費のためにも音楽家としての仕事を続けた。若きブラームスとの交友関係も興味深いが、フランクフルトのホッホ音楽院教授として後進を育て、ローベルトの作品の「批判校訂版全集」の編集出版などにも力を入れたことも見逃せない。1881年には、ロイヤル・アカデミー・オブ・ミュージックの名誉会員にも推されている。

クララは、「なでるように鍵盤に触れることによって、豊かな響きのレガートを引き出すために、前かがみにピアノを弾いていた」（同書、200ページ）というから、その弾き方は必ずしも現代的ではないように思われるが、教育熱心なクララは、ドイツやイギリス出身の弟子たちからは深く尊敬されていたという。

クララは、晩年に至るまで、「新しいものに対する大いなる関心」と「知らないものに対する子どものような好奇心」を持っていたという（同書、208ページ）。クララほどの優れた音楽家が夫の影に隠れていた期間が長かったというのは驚きだが、本書は、彼女の演奏活動の詳細にも多くのページ数を費やしているので、音楽家としてのクララに関心のある読者にはきっと参考になるだろう。

注

(1) http://tower.jp/item/2844409/C-%E3%82%B7%E3%83%A5%E3%83%BC%E3%83%9E%E3%83%B3

%EF%BC%9A-%E3%80%8C%E3%83%AD%E3%83%9E%E3%83%B3%E3%82%B9%E3%80%8D,-%E4%BB%96--%E5%A5%B3%E6%80%A7%E4%BD%9C%E6%9B%B2%E5%AE%B6%E9%81%94%E3%81%AB%E3%82%88%E3%82%8B%E4%BD%9C%E5%93%81%E9%9B%86

（2）クララについては、以下のウェッブサイトも参考になるかもしれない。

http://web.archive.org/web/20130526195840/http://clara-schumann.net/

ポール・デイヴィッドソン『ケインズ』（小谷野俊夫訳、一灯舎、2014年）

著者はアメリカを代表する「ポスト・ケインジアン」のひとりだが、「ポスト・ケインジアン」という言葉は少し注釈を必要とする。第二次世界大戦後、「ポスト・ケインジアン」とは、文字通り「ケインズ以後の」というくらいの意味で使われていた。この用語法では、ロイ・ハロッドもポール・サムエルソンもジョーン・ロビンソンも皆「ポスト・ケインジアン」だが、現在、「ポスト・ケインジアン」は違う意味で使われている。

戦後長い間アメリカで主流派の地位を占めたのは、サムエルソンの「新古典派総合」だが、これは新古典派経済学（ミクロ経済学）とケインズ経済学（マクロ経済学）の「総合」（実際は「折衷」）を指していた。しかし、サムエルソンは、ケインズ政策によって完全雇用を実現したならば、その後は新古典派が復位するというように、ケインズ経済学の理論と政策を経済システムが一時的に機能不全を起こしたときの「救いの神」のように扱っていたので、長期的には市場メカニズムを信頼した新古典派経済学しか残らないのではないかという不満が高まってきた。不満を抱いたケインジアンの一部は、１９７０年代の後半以降、ケインズ経済学と新古典派との妥協を排し、もともとのケインズ経済学の思考法を発展させる方向を模索し始めた。現在「ポスト・ケインジアン」と呼ばれているのは彼らのことを指している。

ポスト・ケインズ派経済学にも実はいろいろな「流派」があるのだが、著者は、そのなかではケインズの「不確実性」（知識の基盤が脆弱で、確率計算さえすることのできないこと）の論理を重視し、貨幣経済における「中立性命題」（貨幣量の変化は、雇用量や産出量のような実物変数には影響を及ぼさず、結局、物価水準を変化させるだけだという考え方）を短期においても長期においても「否定」するところに特徴がある。本書も、この立場に基づいたケインズ論と考えてよいが、「マクミラン経済学者列伝」の一冊として執筆されただけに、ケインズの生涯・理論・政策を初心者にもわかるようなレベルで解説している。

貨幣の「中立性命題」に対する考え方は、学派ごとに異なる。新古典派総合は、「命題」

は短期的には成り立たない（それゆえ、ケインズ政策の役割がある）が、長期的には復位すると考える（新古典派が妥当性を取り戻す）。ロバート・ルーカス教授の合理的期待論のあとに甦った新古典派マクロ経済学では、「命題」は短期的にも成立すると考える（それゆえ、短期的にもケインズ政策の余地はない）。これに対して、著者は、前に触れたように、「命題」が短期でも長期でも成り立たないと考えたのが、本来のケインズの貨幣的経済理論だと理解している。

……ケインズの一般理論分析では、完全雇用均衡は、短期的にも長期的にも保証されない。ケインズは、お金を使用する企業家経済では将来は不確実であり（従って、確実に予測することはできず）、お金（と他の全ての流動資産）は、貯蓄の貯蔵手段として使われるので常に非中立的であると主張した。ケインズは経済体系を、その本質において、暦の時間に沿って不可逆的な過去から、不確実で、統計的には予測できない将来へ動いていくものと見た。（同書、３０６ページ）

著者は、学界の中枢がケインズの「革命的な根本原理」を理解しない限り、21世紀の世界の現実問題を解決する処方箋は得られないだろうと述べているが（同書、312ページ参照）、残念ながら、著者の立場はいまだに「異端派」である。ポスト・ケインズ派経済学の研究と啓蒙に一生を捧げた著者には嘆かわしい現実だが、リーマン・ショックのような金融危機が起こるたびに人々が「ケインズ」の名前を思い出すのは、ケインズ経済学が現代でも過去のものとはなっていないことを暗示しているのではないだろうか。その意味で、著者は将来にまだ希望を持っているように思える。「ポスト・ケインジアン」のケインズ論の解説としては、最も成功している一冊である。

あとがき

本書を書き進めていたとき、同時に、ご縁があって打楽器奏者として活躍している山崎ふみこさんの『マレットの旅』（左右社、2015年7月刊）の構成のお手伝いをしていた。山崎さんは、都内のライブハウスで人気の高い音楽家だが、10年ほど前まではクラシック音楽しか聴かなかった私が、ジャズのヴィブラフォンを演奏する音楽家との「共作」で本を出すとは夢にも思わなかった。

本書が独自のスタイルのエッセイ集であることは「はじめに」でも触れたが、物を書くときのBGMがクラシックばかりでなくジャズも含まれていたという意味では、記念すべき一冊かもしれない。だが、いまはジャズの分野で活躍していても、最初はクラシックで鍛えられたという音楽家が少なくない。山崎ふみこさんもそうだし、ジャズ・ヴァイオリニストの牧山純子さんもそうである。クラシックからジャズへの転向――これは経済学史の分野で正統から異端への転向に関心をもっていた私の琴線に触れるものがあった。

経済学史という学問は古典の解釈が中心になるが、研究者によっては解釈が異なるという意味では「演奏芸術」に似ていると言えなくもない。もちろん、同じ音楽でもクラシックよりはジャズのほうが「即興」の要素が多くなるという違いはあるが、「原典」と格闘し、それをどのように解釈するかで「個性」が決まるという意味では通じ合うものがあるように思う。

さて、私は幸運にも大学院生の頃から物書きの世界に入ったので、すでに30年近く文章を書き続けている計算になるが、若い頃の文章と比較して現在のほうがある程度「息の長い」文章を書くようになっていると思う。昔は意識的に文章を短くし、そのまま英語になるような理科系的な文章を書いたこともあったが、作家の故丸谷才一氏の慧眼に接してからは、多少は婉曲的になろうとも日本語らしい文章を書きたいと思うようになった。しかし、30年間も書き続けても、日本語が難しい言語であることには変わりがない。

最後になったが、このエッセイ集の刊行を快く引き受けて下さった日本経済評論社と担当編集者の鴇田祐一氏に心から感謝の言葉を捧げたい。とくに、鴇田氏には以前に勤めておられた会社から数えて、実に長きにわたってお世話になっている。重ねてお礼を申し上げたい。

2015年8月25日

根井雅弘

【著者紹介】

根井雅弘（ねい・まさひろ）

1962年宮崎県生まれ。1990年京都大学大学院経済学研究科博士課程修了（経済学博士）。

1990年４月、京都大学経済学部助教授、2000年４月より現在まで、京都大学大学院経済学研究科教授。専攻は経済学史。

著書に『経済学の歴史』（講談社学術文庫）、『入門　経済学の歴史』（ちくま新書）、『物語　現代経済学』（中公新書）、『シュンペーター』（講談社学術文庫）、『来るべき経済学のために』橘木俊詔氏との共著（人文書院）など多数。

経済を読む―ケネーからピケティまで

2015年10月21日　第１刷発行　定価（本体1600円＋税）

著　者　根　井　雅　弘
発行者　栗　原　哲　也

発行所　株式会社　日本経済評論社
〒101-0051　東京都千代田区神田神保町3-2
電話 03-3230-1661　FAX 03-3265-2993
info8188@nikkeihyo.co.jp
URL: http://www.nikkeihyo.co.jp

装幀＊渡辺美知子　印刷＊文昇堂・製本＊根本製本

乱丁落丁はお取替えいたします。　Printed in Japan

ISBN978-4-8188-2399-0